AF463005

LES CONFESSIONS DU COMTE DE ***.

PREMIERE PARTIE.

LES
CONFESSIONS
DU
COMTE DE ***

Ecrites par lui-même à un Ami.

PREMIERE PARTIE.

A AMSTERDAM.

M. DCC. XLI.

AVERTISSEMENT.

Comme chaque vice & chaque ridicule ſont communs à pluſieurs perſonnes, il eſt impoſſible de peindre des caracteres, ſans qu'il s'y trouve quelques traits de reſſemblance avec ceux-mêmes qui n'en ont pas été les objets. Ainſi l'on ne doute point que ces Mémoires n'occaſionnent des applications où l'Auteur n'a jamais ſongé. Ces interprétations partent de gens de peu d'eſprit & de beaucoup de malignité. D'autres trop méprisables pour mériter un éloge, trop obscurs pour exciter la satire n'en ont pas moins la fatuité de croire qu'un Auteur les a eus en vuë. Ils s'élevent contre un Ouvrage, il semble qu'il n'y ait que l'intérêt d'autrui qui les touche; mais il est aisé de remarquer que les endroits qu'ils blâment avec le plus d'aigreur ne sont pas toujours ceux dont ils ont été le plus choqués.

LES

LES CONFESSIONS DU COMTE DE ***.

PREMIERE PARTIE.

POURQUOI voulés-vous m'arracher à ma ſolitude & troubler m'a tranquillité? Vous ne pouvés pas vous perſuader que je ſois abſolument déterminé à vivre à la campagne. Je n'y ſuis que depuis un an, & ma perſevérance vous étonne. Comment ſe peut-il faire, dites-vous, qu'après avoir été si long-tems entraîné par le torrent du monde, on y renonce absolument ? Vous croyés que je dois le regreter, & sentir dans bien des momens qu'il m'est nécessaire. Je suis moins surpris de vos sentimens, que vous ne l'êtes des miens ; à votre âge, & avec tous les droits que vous avés de plaire dans le monde, il seroit bien difficile qu'il vous fut odieux. Pour moi je regarde comme un bonheur de m'en être dégoûté, avant que je lui fusse devenu importun. Je n'ai pas encore quarante ans, & j'ai épuisé ces plaisirs que leur nouveauté vous fait croire inépuisables. J'ai usé le monde, j'ai usé l'amour même ; toutes les passions aveugles & tumultueuses sont mortes dans mon cœur. J'ai par conséquent perdu quelques plaisirs, mais je suis exempt de toutes les peines qui les accompagnent, & qui ſont en bien plus grand nombre. Cette tranquillité, ou ſi vous voulés pour m'accommoder à vos idées, cette eſpece d'inſenſibilité eſt un dédommagement bien avantageux, & peut-être l'unique bonheur qui ſoit à la portée de l'homme.

Ne croyés pas que je ſois privé de tous les plaiſirs, j'en éprouve continuellement un auſſi ſenſible & plus pur que tous les autres, c'eſt le charme de l'amitié, vous devés en connoître tout le prix, vous êtes fait pour la ſentir, puiſque vous êtes digne de l'inſpirer. Je poſſede un ami fidele, qui partage ma ſolitude, & qui me tenant lieu de tout, m'empêche de rien regreter. Vous ne pouvés pas imaginer qu'un ami puiſſe dédommager du monde; mais malgré l'horreur que la retraite vous inſpire aujourd'hui, vous la regarderés un jour comme un bien. J'ai eu vos idées, je me ſuis trouvé dans les mêmes ſituations, ne renoncés donc pas abſolument à celle où je me trouve aujourd'hui.

Pour vous convaincre de ce que j'avance, il m'a pris envie de vous faire le détail des évenemens & des circonſtances particulieres qui m'ont détaché du monde ; ce récit ſera une Confeſſion fidelle des travers & des erreurs de ma jeuneſſe qui pourra vous ſervir de leçon. Il eſt inutile de vous entretenir de ma famille que vous connoiſſés comme moi, puiſque nous ſommes parens.

Etant deſtiné par ma naiſſance à vivre à la Cour, j'ai été élevé comme tous mes pareils, c'eſt-à-dire, fort mal. Dans mon enfance on me donna un Precepteur pour m'enſeigner le Latin, qu'il ne m'apprit pas ; quelques années après on me remit entre les mains d'un Gouverneur pour m'inſtruire de l'uſage du monde qu'il ignoroit.

Comme on ne m'avoit confié à ces deux inutiles, que pour obéir à la mode, la même raiſon me débarraſſa de l'un & de l'autre, d'une façon fort différente. Mon Précepteur reçut un ſoufflet d'une Femme de chambre à qui ma mere avoit quelques obligations ſecretes. La reconnoiſſance ne l'empêcha pas de faire beaucoup de bruit, elle blâma hautement une telle inſolence, elle dit à Monſieur l'Abbé qu'il ne devoit pas y être expoſé davantage, & il fut congedié.

Mon Gouverneur fut traité différemment, il étoit inſinuant, poli, & un peu mon complaiſant. Il trouva grace devant les yeux de la favorite de ma mere, tout en conduisant mon éducation, il commença par faire un enfant à cette Femme de chambre, & finit par l'épouser; ma mere leur fit un établissement, dont je profitai, car je fus maître de mes actions dans l'âge où un Gouverneur seroit le plus nécessaire, si cette profession étoit assés honorée pour qu'il s'en trouvât de bons.

On va voir par l'usage que je fis bien-tôt de ma liberté, si je méritois bien d'en jouir. Je fus mis à l'Académie pour faire mes exercices; lorsque je fus près d'en sortir, une de mes parentes qui avoit une espece d'autorité sur moi vint m'y prendre un jour pour me mener à la campagne chés une Dame de ses amies. J'y fus très-bien reçu, on aime naturellement les jeunes gens, & les femmes aiment à leur procurer l'occasion & la facilité de faire voir leurs sentimens;

je me livrai ſans peine à leurs queſtions, ma vivacité leur plut, & m'appercevant que je les amuſois par le feu de mes idées, je crus avoir des agrémens, & ce fut alors que les premieres ſemences de l'amour propre ſe développerent en moi. Le lendemain quelques femmes de Paris arriverent, les unes avec leurs maris, les autres avec leurs amans, & quelques-unes avec tous les deux. La Marquiſe de Valcour qui n'étoit plus dans la premiere jeuneſſe, mais qui étoit encore extrêmement aimable ſaiſit avec vivacité les plaiſanteries que l'on faiſoit ſur moi, & ſous prétexte de plaire à la maîtreſſe de la maiſon qui paroiſſoit s'y intéreſſer, elle vouloit que je fuſſe toujours avec elle, bien-tôt elle me déclara ſon petit amant, j'acceptai cette qualité, je lui donnois toujours la main à la promenade, elle me plaçoit auprès d'elle à table, & mon aſſiduité devint bientôt la matiere de la plaiſanterie générale, je m'y prêtois de meilleur grace que l'on n'eut dû l'attendre d'un enfant qui n'avoit aucun uſage du monde: cependant je commençois à ſentir des deſirs que je n'oſois témoigner, & que je ne démêlois qu'imparfaitement. J'avois lû quelques Romans, & je me crus amoureux. Le plaiſir d'être careſſé par une femme aimable joint à l'impreſſion que font ſur un jeune homme du rouge, des diamans, des parfums & ſurtout une gorge qu'elle avoit admirablement belle, m'échauffoit l'imagination; enfin tous les airs ſéduiſans d'une femme à qui le monde a donné cette liberté & cette aiſance que l'on trouve rarement dans un ordre inférieur, me mettoient dans une ſituation toute nouvelle pour moi. Mes desirs n'échappoient pas à la Marquise, elle s'en appercevoit mieux que moi-même, & ce fut sur ce point qu'elle voulut entreprendre mon éducation. L'amour, me disoit-elle, n'existe que dans le cœur, il est le seul principe de nos plaisirs, c'est en lui que se trouve la source de nos sentimens & de la délicatesse. Je ne comprenois rien à ce discours, non plus qu'a cent mille autres mêlés de cette Métaphysique qui regnoit dès-lors dans le discours, & qui est si peu d'usage dans le commerce. J'étois plus content des petites confidences sur lesquelles elle éprouvoit ma discretion, j'en étois flatté, un jeune homme est charmé de se croire quelque chose dans la société. Elle me faisoit ensuite des questions sur la jalousie. La Marquise, sous prétexte de m'instruire, vouloit sçavoir si je n'avois aucune idée sur un homme assés aimable qui étoit venu avec elle, & que j'ai sçu depuis être son Amant : mais quoiqu'il n'eut au plus que quarante ans, je le jugeois si vieux, que j'étois bien éloigné d'imaginer qu'il eut avec elle d'autre liaison que celle de l'amitié, il en avoit pourtant une des plus intimes ; il est vrai que dans ce moment elle le gardoit par habitude, & que par goût elle me destinoit à être son successeur ou du moins son associé : aussi quand je lui demandai pour quoi le Baron lui tenoit quelques discours aigres & piquans que je n'avois pû m'empêcher de remarquer, elle se contenta de me dire, qu'ayant été intime ami de son mari, l'amitié lui avoit conservé ces droits. Cette réponse me satisfit, & ma curiosité n'alla pas plus loin. Elle me reprochoit quelquefois de n'avoir pas aſſés de ſoin de ma figure, & quand je revenois de la chaſſe, ſous prétexte d'en reparer les déſordres, elle paſſoit la main dans mes cheveux, elle me faiſoit mettre à ſa toilette, & vouloit elle-même me poudrer & m'ajuſter. Comme elle coloroit toutes les careſſes qu'elle me faiſoit de l'amitié qu'elle avoit pour ma parente, & des liaiſons qu'elle avoit avec toute ma famille, je ne m'attribuois aucunes de ſes bontés, & j'ai ſouvent penſé depuis à l'impatience que je devois lui cauſer : le goût qu'elle commençoit à avoir pour moi fut bien-tôt décidé. Cependant elle ſe contraignoit, elle craignoit de s'expoſer aux ridicules que pouvoit lui donner un amour qui par la diſproportion de nos âges pouvoit être regardé comme une folie. D'ailleurs elle ſçavoit que ſon Amant étoit clairvoyant ; elle n'auroit pas été fort ſenſible à ſa perte, mais elle craignit l'éclat d'une rupture.

Ces réflexions rendirent la Marquiſe plus réſervée avec moi ; je m'en apperçus, je lui en fis quelques reproches plus remplis d'égards que de ſentiment. Pour me conſoler, elle me dit que je la verrois à Paris, ſi je continuois à la laiſſer ſe charger du ſoin de ma conduite, & me promit un baiſer toutes les fois que j'aurois été docile à ſes leçons.

Lorſque nous fûmes de retour à Paris, j'allai la voir. Elle ne me parla dans les deux ou trois premieres viſites que des choſes qui pouvoient regarder ma conduite. Elle vouloit, diſoit-elle, être ma meilleure amie. Un jour elle me dit de la venir voir le lendemain ſur les ſept heures du ſoir. Je n'y manquai pas, je la trouvai ſur une chaiſe longue, appuyée ſur une pile de carreaux. On reſpiroit une odeur charmante, & vingt bougies répandoient une clarté infinie; mais toute mon attention ſe fixa ſur une gorge tant ſoit peu découverte. La Marquiſe étoit dans un deshabillé plein de goût, ſon attitude étoit diſpoſée par le deſir de plaire & de me rendre plus hardi. Frappé de tant d'objets j'éprouvois des deſirs d'autant plus violens que j'étois occupé à les cacher. Je gardai quelques tems le ſilence, je ſentis qu'il étoit ridicule, mais je ne ſçavois comment le rompre. Etes-vous bienaiſe d'être avec moi, me dit la Marquiſe? oui Madame, j'en ſuis enchanté, répondis-je avec vivacité; eh bien nous ſouperons enſemble, perſonne ne viendra nous interrompre, & nous cauſerons en liberté, elle accompagna ce diſcours du regard le plus enflammé. Je ne ſçai pas trop cauſer lui dis-je, mais pourquoi ne me permettés-vous plus de vous embraſſer comme à la campagne ? Pourquoi, reprit-elle ? c'eſt que lorſque vous avés une fois commencé, vous ne finiſſés point.

Je lui promis de m'arrêter quand elle en ſeroit importunée, & ſon ſilence m'autoriſant, je la baiſai, je touchai ſa gorge avec des plaiſirs raviſſans, mes deſirs s'emflammoient de plus en plus, la Marquiſe par un tendre ſilence autoriſoit toutes mes actions ; enfin, parcourant toute ſa perſonne à mon gré, & voyant que l'on n'apportoit aucun obſtacle à mes deſirs, je me précipitai ſur elle avec tant d'empreſſement que j'obtins la derniere faveur ayant encore mon épée au côté & mon chapeau ſous le bras. Je craignis auſſi-tôt ſa colere, mais je fus raſſuré par un regard languiſſant de la Marquiſe qui m'embraſſa avec une nouvelle ardeur. Ce fut alors que je me livrai à l'yvreſſe du plaiſir; nous ne l'interrompîmes que pour nous mettre à table. Le ſoupé fut court; je ne laiſſai pas à la Marquiſe le tems de me parler ſentiment, & je crois qu'elle n'eut pas celui d'y penſer. Dès le lendemain un de ſes gens m'apporta la lettre la plus paſſionnée. Cette attention me ſurprit; je croyois qu'elle n'avoit été imaginée que pour moi. Je ſentis que j'y devois répondre; je crois que ma lettre devoit être aſſez ridicule; la Marquiſe la trouva charmante. Pendant les premiers jours je n'étois occupé que de ma bonne fortune & du plaiſir d'avoir une femme de condition; je m'imaginois que tout le monde s'en appercevoit, & lisoit dans mes yeux mon bonheur & ma gloire. Cette idée m'empêcha d'en parler à mes amis, mais j'en fus très-souvent tenté. Peu de tems après je trouvai que la Marquise ne m'avoüoit pas assés dans le Public, & qu'elle n'alloit pas assés souvent aux Spectacles, où j'aurois pû, sans prononcer l'indiscretion, mettre mes amis au fait de mon bonheur. C'étoit en vain qu'elle me représentoit le charme du mistere, je n'étois inspiré que par les sens & la vanité, & je croyois avoir satisfait à toute la délicatesse possible, quand j'avois rempli ses desirs & les miens.

Nous vêcumes un mois sur ce ton-là, mais bien-tôt je ne sentis plus le mérite de lui plaire. Bien loin de faire la moindre chose pour la conserver, je ne croyois

pas

pas courir le moindre riſque de la perdre. Enfin je me conduiſis avec ſi peu de ménagement, qu'elle auroit dû cent fois me donner mon congé. L'hyver ayant raſſemblé tout le monde à Paris, la Marquiſe, pour rompre la ſolitude qu'elle voyoit que je ne pouvois ſoutenir, donna pluſieurs ſoupers. Parmi les femmes qui ſe rendoient chez elle, il y en eut une qui me fit beaucoup d'agaceries, & j'y répondis avec aſſés de vivacité. Madame de Valcourt avoit trop d'experience pour ne pas l'appercevoir. Elle m'en fit ſes plaintes, que je reçûs aſſés mal. Je lui dis qu'il étoit bien ſingulier qu'elle me contraignît au point de ne pouvoir ni parler ni m'amuſer même avec ſes amies. La jalouſie enflamma la Marquiſe, elle ne ménagea plus rien. Bien-tôt elle afficha publiquement le goût qu'elle avoit pour moi, & bien-tôt elle le ressentit avec un emportement qu'elle ne m'avoit jamais témoigné. On ne la voyoit plus aux Spectacles sans moi; elle ne soupoit dans aucune maison sans me faire prier. Un aveu si public fut fort de mon goût, parce qu'il flattoit ma vanité. Quelques jours après Madame de Rumigny, c'étoit celle qui m'avoit fait des avances, fut piquée. Il étoit de son honneur de n'en pas avoir le démenti. Chez les femmes du monde, plusieurs choses qui paroissent differentes produisent les mêmes effets, & la vanité les gouverne autant que l'amour.

La Marquise fit fermer sa porte à sa rivale, la rupture fit éclat, & Madame de Rumigny me pria par un billet fort simple de passer chés elle. Madame de Valcourt m'avoit fait promettre de n'y jamais aller, mais je ne crus pas mon honneur engagé à lui tenir cette parole. J'y courus donc, & Madame de Rumigny, après beaucoup de plaisanteries sur Madame de Valcourt, qui toutes portoient coup, me plaignit d'être si fort attaché à une femme qui me traitoit en esclave. Elle m'apprit toutes les avantures vraies ou fausses que le monde avoit données à la Marquise, & particulierement ce qui regardoit le Baron mon prédécesseur ; le mal que l'on nous dit d'une Maîtresse n'est pas si dangereux par les premieres impressions, que par les prétextes qu'il fournit dans la suite aux dégoûts & à toutes les injustices des Amans.

Madame de Rumigny contente de cette premiere démarche, me pria de la venir revoir en m'assurant qu'elle n'avoit d'autres motifs que son amitié pour moi. Je revins chés la Marquise fort différent de ce que je m'y étois trouvé jusques alors, elle s'en apperçut, elle en fut allarmée. Les sentimens de la Marquise ne me touchoient plus. Je ne sentois que l'ennui & le dégoût d'un plaisir uniforme. J'allois souvent chés Madame de Rumigny qui suivoit constamment son projet, je sentis bien-tôt pour elle tout ce que m'avoit d'abord inspiré Madame de Valcourt, c'est-à-dire des desirs; l'expérience que j'avois déja acquise me rendit pressant, j'étois étonné des difficultés que je trouvois, lorsqu'elle me dit, je veux le sacrifice de la Marquise, j'exige le plus éclatant & tel que je le prescrirai. Notre rupture à trop fait d'éclat, ma vengeance ne doit pas être ignorée, je voulus lui faire quelques représentations, mais elle me dit qu'elle ne me verroit jamais, si je balançois un moment.

Je fus bien-tôt déterminé, je consentis à tout, je renvoyai à la Marquiſe ſes lettres & ſon portrait avec un billet qui je crois étoit fort impertinent, puiſqu'il étoit dicté par Madame de Rumigny; en un mot je quittai Madame de Valcourt, on ne peut pas plus mal, ce ne fut cependant pas ſans remords. C'eſt en vain que l'on veut s'aveugler pour ſéparer la probité du commerce des femmes. J'avois encore toutes les idées neuves, le monde ne m'avoit point appris à me parjurer, j'étois occupé de l'état où j'allois reduire une femme qui m'avoit dit cent fois qu'elle ne ſurvivroit pas à mon inconſtance. Madame de Rumigny à qui je ne cachai point mes remords prit encore le ſoin de les calmer, les femmes n'ont point de plus grands ennemis que les femmes; Madame de Rumigny ne me fit pas languir davantage, le lendemain elle voulut que j'allaſſe avec elle à l'Opéra en grande loge ; j'y conſentis, ſon triomphe étoit le mien, la Marquiſe s'y trouva le même jour, elle étoit fort parée, & n'y venoit que pour démentir les diſcours du public : une telle démarche eſt un coup de partie, le jour qu'on a été quittée, mais je remarquai ſon chagrin caché. Cependant elle m'écrivit, elle me courut, & fit tout ce que l'égarement de l'amour malheureux inſpire & fait toujours faire ſans ſuccès ; enfin elle ſe commit encore plus qu'elle n'avoit fait ; mais Madame de Rumigny qui connoiſſoit trop la conſéquence de ces premiers inſtans ne me perdoit pas de vûë. Je vêçus quelque tems avec Madame de Rumigny comme j'avois fait avec Madame de Valcourt, & je m'en dégoûtai encore plus promptement. Ma premiere & ma ſeconde avanture n'annonçoient pas un caractere fort conſtant, on verra dans la ſuite ſi je me ſuis démenti.

Madame de Rumigny commençoit donc à me peſer beaucoup, lorſque j'entrai dans les Mouſquetaires. La Compagnie marcha en Flandres, & j'y fis ma premiere campagne. Avant mon départ je paſſai trois jours avec Madame de Rumigny d'une façon à me faire regretter. Elle me fit promettre de lui écrire; mais à peine l'eus-je quitté que je n'y ſongeai plus.

Après la campagne, la Compagnie revint à Paris où je paſſai l'hyver. Je n'allai ſeulement pas voir Madame de Rumigny. La vie que je menois avec mes camarades me paroiſſoit préferable à toute la gêne du commerce des femmes du monde. Je n'en recherchai aucune de celles qui exigent des ſoins &

des attentions, & je ſuivis les mœurs des Mouſquetaires de mon âge.

Au retour du printems, M. de Vendôme, à qui ma famille étoit particulierement attachée, me propoſa d'être un de ſes Aides de Camp ; j'acceptai la propoſition avec ardeur, & je le ſuivis en Eſpagne. Uniquement occupé de mes devoirs je m'attachai à ce Prince, c'eſt-à-dire au mêtier de la guerre, car c'étoit ainſi qu'on lui faiſoit ſa cour.

Il fut aſſés content de mes ſervices pour m'honorer de ſa protection, & bien-tôt il me fit obtenir un Régiment, à la tête duquel je me trouvai à la bataille de Villa Vitioſa que M. de Vendôme gagna ſur M. de Starambert.

Après cette victoire qui décida de la Couronne d'Eſpagne pour Philippe V. mon Régiment fut envoyé

voyé en quartier à Tolede. Les congés étant difficiles à obtenir, j'y demeurai pour contenir les ſoldats, & prévenir les déſordres qui pouvoient arriver à chaque inſtant dans ce pays par la prévention que quelques Eſpagnols avoient contre les François. D'ailleurs les Moines par jalouſie & par ignorance perſuadent ſurtout aux femmes que les François ſont des hérétiques. Une différence de Religion chés des peuples qui ont peu d'étude ne rapproche pas les Eſprits ; ainſi je vivois dans une aſſés grande ſolitude. Un jour en rentrant chés moi par une rue détournée je fus abordé par une femme couverte d'une mante : Seigneur Cavalier, me dit-elle, une Dame voudroit avoir une converſation avec vous, trouvés-vous demain à onze heures dans la grande Egliſe. J'acceptai le rendés-vous.

Le lendemain après avoir apporté beaucoup d'attention à ma parure, je me rendis au lieu indiqué. Je n'y vis que des femmes couvertes de mantes noires parmi lesquelles j'en apperçus une qui se distinguoit au milieu de deux autres par la majesté de sa taille. Elles se mirent toutes trois à genoux auprés de moi, elles s'armerent d'un grand Rosaire, firent plusieurs inclinations dévotes, & j'entendis une voix qui me dit, trouvés-vous ce soir à l'heure de l'Oraison sur le bord du Tage, & suivés la personne qui vous abordera en vous présentant un bouquet : adieu sortés de l'Eglise sans témoigner la moindre curiosité. Le son de cette voix me parut si flatteur, la personne qui m'avoit parlé avoit tant de graces que je me sentis émû. Je me rendis au lieu marqué deux heures plutôt qu'on ne m'avoit ordonné, & je vis paroître celle qui devoit me présenter le bouquet, elle me dit de la suivre, je lui obéis, il étoit nuit, nous marchâmes quelque tems pour trouver une calêche dans laquelle nous montâmes. Votre jeunesse & votre figure, me dit-elle, ont fait une vive impression sur le cœur de Dona Antonia ma Maîtresse, l'Amour lui a fait oublier tous les dangers d'une entrevûë; je vous avouerai cependant que l'idée de votre Religion a pensé tout détruire, mais on vous aime malgré la différence de votre Religion. Quelle consolation pour Dona Antonia! si son exemple & ses discours pouvoient vous ramener au sein de l'Eglise. Je suis sa nourice, c'est vous dire combien je l'aime, mais l'espérance de votre conversion m'a plus déterminée à la servir aujourd'hui, que l'Amour qui la tourmente depuis un mois qu'elle vous a vû : vous allés juger dans quelques momens de la beauté de ma Maîtresse, elle est dans une maison qui m'appartient, rendés-vous digne de posseder le cœur de la plus belle femme de toutes les Espagnes. Malgré l'agitation que la nouveauté d'une pareille situation peut causer, je sentis toute la bisarrerie de cette conversation, & je réflechissois sur la différence de ces mœurs, quand notre voiture s'arrêta dans une petite cour : nous descendîmes, je suivis la Duegne, je traversai deux ou trois piéces meublées simplement, & médiocrement éclairées. Elles nous conduisirent dans une chambre dont les meubles magnifiques & l'éclat des lumieres portées dans de grands flambeaux de vermeil me frapperent beaucoup moins qu'une femme couchée sur une estrade & appuyée sur des carreaux d'étoffes superbes. Approchés, Seigneur, me dit-elle : j'obéis à un ordre si doux, mais que devins-je en voyant toutes les graces réunies dans la même personne, & rélevées par toutes les recherches de la parure. Je tombai à ses genoux, que puis-je faire, lui dis-je, Madame pour reconnoître les bontés dont vous m'honorés? elle me répondit avec une douceur infinie, & un feu dans les yeux qui auroit achevé ma défaite, si elle n'eut été confirmée. Clara vous a sans doute fait part de mes sentimens. Elle m'a évité l'embarras d'un aveu qui ne peut être excusé que par la force de la passion. La façon dont vous vous conduirés avec moi confirmera ou détruira mes sentimens; je vous aime, je sens que je manque à mon mari ; mais le ſacrifice que je vous fais m'en deviendra encore plus cher, ſi vous vous en rendés digne ; après un tel aveu je ne dois rien vous cacher, vous êtes d'une Religion différente de la mienne, & ce point eſt le ſeul obſtacle au goût que je ſens pour vous. Si vous m'aimés, ſi les ſentimens que je crois lire dans vos yeux ſont ſinceres ; il faut commencer par embraſſer ma Religion. Je voulus alors prendre une de ſes belles mains & la baiſer, pour éviter une Profeſſion de foi qui me paroiſſoit aſſés déplacée ; mais à peine l'eu-je touchée qu'elle s'écria, donnés-moi promptement de l'eau bénîte, ma chere Clara ; en effet elle lui apporta un bénitier dans lequel elle trempa un linge dont elle eſſuya l'endroit que j'avois touché avec un ſi grand ſoin & une attention ſi marquée, que je ne pus m'empêcher de ſourire, mais ne voulant point choquer ſes préjugés, je pris le parti de lui dire qu'elle étoit ma Religion, & l'Amour me rendit peut-être plus Catholique que je ne l'avois jamais été : en un mot je lui parlai ſi poſitivement, & je lui fis voir ſi clairement l'ignorance des Moines de ſon pays, qu'elle me parut convaincuë. Que la voix d'un homme qu'on aime perſuade aiſément ! me dit-elle, elle triomphe de toutes les réſolutions, je n'ai pû vous convaincre, vous m'avés perſuadée. Je vous aime apparemment plus que vous ne m'aimés, & c'eſt un avantage que je ſçaurai conſerver ſur vous. Je baiſai alors une de ſes mains, ſans qu'elle eut recours à l'eau bénîte. Je la priai de m'apprendre à qui j'avois le bonheur de parler. Vous le ſçaurés un jour, me dit-elle, ne cherchés point à pénétrer un myſtere dont la découverte ne vous eſt d'aucune utilité, mérités par un amour & une diſcretion ſans bornes le bonheur que je vous prépare. Alors la fidelle Clara nous ſervit un léger repas. J'étois enchanté de toutes les graces que je découvrois dans la belle Eſpagnolle; tout reſpiroit en elle la volupté, & m'annonçoit un bonheur que j'obtins quelques momens après, & qui ſurpaſſa mes deſirs. Vous ne m'aimerés pas longtems, me diſoit Antonia, ma conquête vous a trop peu coûté, vous ignorés tous les combats que j'ai ſoutenus; je vous aime depuis le jour de votre arrivée, vous paſsâtes ſur la grande Place à la tête de votre Régiment; je vous vis d'une fenêtre grillée. Que n'ai-je point fait pour bannir l'impreſſion que votre vûë a faite ſur moncœur. Je vous fuyois mal apparemment, car je vous rencontrois toujours.

Nous paſsâmes la nuit & toute la journée ſuivante au milieu des plaiſirs & des tendres inquiétudes que la paſſion donne aux Amans, & ſur leſquels les plaiſirs les raſſurent ſans ceſſe. Quand nous fûmes au moment de nous ſéparer, Antonia leva les carreaux ſur leſquels elle étoit aſſiſe, & prit une épée d'or garnie de quelques diamans d'un aſſés grand prix qu'elle me força d'accepter. J'y fus obligé, car la plus grande offenſe que l'on puiſſe faire à un Eſpagnol, c'eſt de refuſer ce qu'il offre, je la reçus donc en baiſant mille fois la main qui me la donnoit, & je montai ſeul dans la calêche qui me conduiſit à l'endroit où je l'avois trouvée la veille, les queſtions que je fis au Poſtillon furent inutiles. Le lendemain à mon reveil, je reçus une lettre d'Antonia, ce fut un Maure qui me l'apporta. Elle étoit tendre & passionnée, Antonia me prioit de me promener le soir à cheval sur la grande Place. Je vous verrai sans être vûë, ajoutoit-elle, & je jouirai avec plaisir de l'inquiétude où vous serés de ne me point appercevoir, Clara vous dira demain à la grande Eglise quand & de quelle façon nous pourrons nous revoir: j'exécutai les ordres que l'on m'avoit donnés. Après avoir regardé inutilement à toutes les jalousies, je revins chés moi m'occuper de mon avanture. Le lendemain je trouvai Clara dans l'Eglise que l'on m'avoit indiquée, qui me dit en feignant de prier Dieu, rendés-vous à cheval au jour tombant & sans suite derriere les murs du Couvent de S. François, le Maure que vous avés vû hier s'y trouvera monté ſur une mule, vous n'aurés qu'à le ſuivre. Je fus exact au rendés-vous : j'y trouvai le Maure, il obſerva toujours le plus profond ſilence, & nous arrivâmes dans la baſſe-cour d'un Château qui me parut conſiderable. Je mis pied à terre, le Maure prit mon cheval, & me fit ſigne de monter par un petit eſcalier formé dans une tour. J'y trouvai Clara qui m'attendoit, venés, me dit-elle, le plus heureux de tous les hommes ; elle me conduiſit avec une lanterne ſourde dans un cabinet, d'où je paſſai dans un appartement ſuperbe où la belle Antonia m'attendoit. Vous triomphés de toutes mes craintes, me dit-elle, je goûte le plaiſir de vous poſſeder chés moi malgré tous les perils que je puis courir ; j'eſpere cependant que le plaiſir que j'ai de vous voir ne ſera point interrompu ; mais en cas d'accident, vous pourrés vous retirer, le Maure tient votre cheval au bas de l'escalier. J'employai les termes les plus touchans pour exprimer ma reconnoissance & mon amour. Nous étions dans ces transports de l'ame que l'Amour seul fait connoître, & qui sont au-dessus de l'expression, quand nous entendîmes un grand bruit dans la chambre qui précédoit celle où nous étions ; fuyés, me dit Antonia avec transport, je suis trahie, je périrai, mais je ne m'en plaindrai pas, si je puis vous croire en sûreté. Dans l'instant même on enfonça la porte, & je vis entrer un homme transporté de fureur & suivi de deux Valets armés, il tenoit son épée d'une main & de l'autre un poignard. Il se jetta si promptement sur Antonia, que je ne pûs l'empêcher de lui porter deux coups qui la firent tomber à mes pieds ; j'avois des piſtolets de poche, je caſſai la tête à celui qui venoit de bleſſer Antonia, & je tins en reſpect ceux qui l'accompagnoient. Elle me tendit les bras, & me dit d'une voix mourante, qu'avés-vous fait Seigneur ! vous avés tué mon mari. Les deux Valets occupés à donner du ſecours à leur maître, me donnerent le tems de prendre Antonia dans mes bras, & de gagner la porte du cabinet ; je deſcendis ſans obſtacle, je trouvai le Maure qui m'attendoit avec mon cheval, il m'aida à prendre Antonia devant moi, & je m'éloignai de ce funeſte lieu ſans ſçavoir où j'allois. Je m'abandonnai à la vîteſſe de mon cheval ; cependant Antonia ne donnant aucun ſigne de vie, je m'arrêtai pour lui donner quelque ſecours, mes ſoins la firent revenir à la vie ; quoi c'eſt vous ! me dit-elle, en ouvrant les yeux, vous vivés, tous mes malheurs ne me touchent plus ; il n'y a point de grace à eſperer ni pour vous ni pour moi, le rang & la dignité de mon mari vous attireront des ennemis ſans nombre ; c'eſt le Marquis de Palamos que vous avés tué, je n'ai d'autre reſſource que mon frere, il a un Château peu éloigné d'ici, prenons-en le chemin, il ne me refuſera pas un aſile. Je remontai à cheval, je la pris dans mes bras, & nous arrivâmes à la pointe du jour dans le Château. Nous fîmes éveiller auſſi-tôt le Comte ſon frere, & l'on nous fit entrer dans ſa chambre, ſans avoir été vûs que par un ſeul domeſtique. Il frémit au récit de l'avanture cruelle qui venoit d'arriver à ſa ſœur, il l'aimoit, il la plaignit, & lui donna tous les ſecours possibles : ses blessures ne se trouverent pas considerables, il me conseilla de me tenir caché le reste du jour, & quand la nuit fut venuë, il me dit que le service que j'avois rendu à sa sœur, lui faisoit oublier la vengeance que j'avois tirée de son beau-frere. Ma sœur m'a tout avoué, ajouta-t'il, elle veut que je sauve vos jours, vous lui êtes cher, & l'amitié que j'ai pour elle joint à la confiance que vous m'avés témoignée, en choisissant ma maison pour asile, m'engage à favoriser votre fuite. Je vais vous donner un homme qui vous conduira sûrement à Madrid par des chemins détournés. Je le conjurai de me laisser voir la Marquise, mes prieres furent inutiles. Elle m'a chargé, reprit-il, de vous remettre ce paquet, je tiens ma parole, & ne puis faire autre chose. En achevant ces mots, il me conduisit dans la cour où celui qui devoit me ſervir de guide m'attendoit avec mon cheval, & nous partîmes auſſi-tôt. J'avois le cœur déchiré, je m'éloignois d'une femme charmante, je la quittois ſans aucune eſpérance de la revoir, & dans quel état, bleſſée, mourante & perduë pour moi. Nous marchâmes toute la nuit, quand le jour parut, nous prîmes quelque repos dans un Village écarté. Ce fut alors que j'ouvris le paquet que la Marquiſe m'avoit fait remettre, j'y trouvai ſon Portrait & une lettre auſſi vive & auſſi pleine de regrets que celle que j'aurois pû lui écrire; elle me prioit de garder toute ma vie ce Portrait qu'elle avoit compté me donner la veille dans des momens plus heureux, il étoit dans une boëte enrichie de diamans : mais

mais ce qui me parut ſingulier, & ce qui me fit toujours reconnoître le caractere Eſpagnol, fut d'y trouver une Relique de S. Antoine de Pade qu'elle partageoit avec moi, parce que, diſoit-elle dans ſa lettre, elle lui attribuoit notre ſalut dans cette derniere avanture, & me conjuroit de ne m'en point ſéparer dans le danger où la famille de ſon mari m'expoſoit; elle finiſſoit en m'aſſurant d'un amour éternel.

J'arrivai ſans aucun accident à Madrid, je renvoyai mon guide, & le chargeai d'une lettre pour la Marquiſe & d'une autre pour ſon frere. J'allai ſur le champ rendre mes devoirs à Monſieur de Vendôme, il me reçut avec cette bonté qui lui attachoit le cœur de toutes les troupes. Je lui contai mon avanture, il me conſeilla de ne pas demeurer à Madrid dans la crainte des aſſaſſins & des ſuites qu'une telle affaire pouvoit avoir entre les nations, & m'aſſura qu'il alloit faire changer mon Régiment de quartier. Je n'eus pas de peine à me tenir caché, l'état de mon ame m'auroit rendu toute compagnie inſupportable. On ignora abſolument le lieu de ma retraite, mon Régiment fut relevé, & la Campagne s'approchant, je fus bien-tôt en état de le joindre. Nos opérations furent heureuſes, & je fus envoyé en quartier d'Eté dans un gros Bourg, auprès duquel il y avoit une Abbaye de filles; ſuivant les ordres que nous avions de proteger tous les Convents, j'y avois établi une garde. J'allois ſouvent me promener le long des murs du jardin de cette Abbaye, il n'y avoit que la ſolitude qui convint à la ſituation de mon cœur. Un jour en paſſant ſous les fenêtres d'un corps de logis de cette maiſon, j'entendis ouvrir une jalouſie, & je vis tomber à mes pieds une lettre que je ramaſſai ; je levai la tête, mais la jalouſie déja refermée ne me laiſſa rien voir. Je pris le billet, je vis avec ſurpriſe qu'il m'étoit adreſſé : je l'ouvris, je vis que l'on y donnoit des éloges à la triſteſſe dont je paroiſſois pénétré ; l'écriture m'étoit inconnuë, & je ne pouvois pas me flatter qu'elle fut écrite de la part de la Marquiſe que l'on m'avoit aſſuré être morte de ſes bleſſures. Il y avoit cependant des choſes dans cette lettre qui ne pouvoient être écrites que par quelqu'un qui me connut par rapport à elle ; dans cette incertitude je revins chés moi écrire un billet dans le deſſein d'éclaircir mes doutes, & le lendemain à la même heure je retournai ſous la même fenêtre, la jalouſie s'ouvrit, on deſcendit une petite corbeille attachée à un ruban, je l'ouvris, je n'y trouvai rien, j'y plaçai ma lettre, & la corbeille remonta comme un éclair. J'attendis quelque tems, on ne me fit aucun ſignal, & le jour ſuivant un nouveau billet tomba à mes pieds. On me marquoit que l'on vouloit s'entretenir avec moi de mes malheurs; on me prioit encore de me trouver au milieu de la nuit le long des murs du jardin, on m'indiquoit un pavillon auprès duquel je trouverois une échelle de corde. Je ne doutai point que cette lettre ne fut de Clara. Je me rendis au lieu marqué, je trouvai ce que l'on m'avoit annoncé; je montai ſur le mur, & changeant mon échelle de côté je fus bien-tôt dans le jardin. J'apperçus une femme couverte d'un voile qui ſe retira dans les allées d'un boſquet, je la ſuivis, elle s'arrêta ſur un banc de gazon. Ma chere Clara, lui dis-je, car ce ne peut être que vous, eſt-il bien vrai que la Marquiſe ne ſoit plus? ce n'eſt que pour en parler, ce n'eſt que pour la pleurer que j'ai pû me reſoudre à venir ici. Non, s'écria la femme voilée, elle n'eſt point morte votre chere Antonia. La voix & l'expreſſion me manquerent en reconnoiſſant la Marquiſe elle-même; je tombai à ſes pieds, elle demeura appuyée ſur moi en éprouvant le même trouble. Quand ce tendre ſaiſiſſement fut paſſé, nous nous fîmes toutes les queſtions imaginables, je lui reprochai de m'avoir laiſſé ignorer ſi long-tems le lieu de ſon ſéjour. Elle m'apprit que ſon frere m'avoit fait paſſer pour infidele dans ſon eſprit,

& n'avoit pas laissé parvenir ma lettre jusques à elle : la douleur que cette nouvelle me causa, ajouta-t'elle, jointe à la malheureuse avanture qui m'étoit arrivée, me déterminerent à prier mon frere de me donner les moyens de vivre & de mourir ignorée. Il repandit le bruit de ma mort, & me conduisit lui-même dans cette Abbaye où personne ne me connoît. J'y mourrai contente puisque vous m'êtes fidele, c'est tout ce que je pouvois esperer dans le cruel état où l'amour m'a reduite ; je n'ai pû résister au plaisir de vous entretenir encore une fois, la maniere & le lieu sont suspects, mais mes intentions sont pures ; ne cherchés point à me revoir , vos soins seroient inutiles. Le sacrifice que je prétens faire de vous à celui qui m'a donné l'être est complet ; adieu, je ne tiens plus au monde. En diſant ces mots, elle ſe débarraſſa de mes bras, & prit la fuite dans les detours du boſquet, ſans qu'il me fut poſſible de la retrouver. Pendant cette recherche inutile le jour parut, & je fus obligé de me retirer. Quand je fus de retour chés moi, je trouvai dans ma poche un écrain de diamans d'un grand prix qu'elle avoit eu l'adreſſe d'y mettre, ſans que je m'en apperçuſſe. Je paſſai mille fois ſous la même fenêtre dans l'eſpérance de donner des lettres, d'en recevoir & de remettre l'écrain; mes ſoins furent inutiles, je ne vis rien. Je demandai à parler à l'Abbeſſe, je lui dis que j'avois des choſes de la derniere conſéquence à communiquer à une Dame qui étoit dans ſa maiſon, & dont je lui fis le portrait, l'Abbeſſe feignit de ne la pas connoître; je jugeai par ſes réponſes qu'il étoit inutile d'inſiſter davantage, & je me retirai au deſeſpoir.

Quelques jours après je reçus ordre d'aſſembler le Régiment, & de joindre l'armée, je le fis défiler devant l'Abbaye, je me flattois que mon départ feroit naître l'envie de me donner une derniere conſolation, mais je n'apperçus rien, & fus obligé de partir le cœur pénétré de douleur.

Il n'y eut que les opérations de la Campagne qui furent capables de me diſtraire du chagrin qui me dévoroit. Nous fîmes le ſiége de Gironne que nous prîmes, le reſte de la Campagne ſe paſſa entre M. de Vendôme & M. de Staremberg à s'obſerver & ſe fatiguer mutuellement. On fit venir de nouvelles troupes de France, & l'on y fit repaſſer quelques-unes de celles qui avoient le plus ſouffert, mon Régiment fut de ce nombre, & en arrivant en France il fut envoyé en quartier de rafraîchissement à * * *. Les Conférences qui commencerent alors à Utrecht donnerent les premieres espérances de la paix. J'aurois pû dans ces circonstances demander un congé pour revenir à Paris ; mais j'ai toujours cru qu'on ne devoit guére en faire usage que pour des affaires indispensables, & je n'en avois aucunes : ainsi je demeurai au Régiment.

La vie que l'on mene dans la garnison n'est agréable que pour les Subalternes qui n'en connoissent point d'autres, mais elle est très-ennuyeuse pour ceux qui vivent ordinairement à Paris & à la Cour ; le ton de la conversation est un mélange de la faveur provinciale & de la licence des plaisanteries militaires. Ces deux choſes dénuées par elles-mêmes d'agrémens ne peuvent pas produire un tout qui ſoit amuſant. Heureuſement ma maxime a toujours été de me faire à la néceſſité, de ne rien trouver mauvais, & de préférer à tout, la societé préſente. Je me livrai donc à la vie de garniſon ; nous fûmes préſentés en corps par un Officier, qui lui-même l'avoit été la veille dans toutes les maiſons où l'on reçevoit les Officiers. Nous apprîmes en un moment quelles étoient les femmes que le Régiment que nous remplacions laiſſoit vacantes. On eut grand ſoin de me montrer celles qui étoient dévouées à l'Etat Major ; car il eſt d'uſage d'obſerver en ce cas l'ordre du tableau, & rien n'eſt à mon gré ſi plaiſant que de voir la façon dont on s'examine & dont on ſe choiſit pendant les premieres vingt-quatre heures. On parle d'abord beaucoup du Régiment qui vient d'être relevé ; les femmes se repandent fort en éloges sur les Officiers polis & aimables qui leur ont donné des Bals & des Fêtes : c'est un moyen pour engager les nouveaux venus à suivre l'exemple de leurs prédécesseurs ; les citations du passé sont un des arts que les femmes de tout état employent le plus volontiers. Les Dames de la garnison qui ont conservé le portrait de leurs Amansne le portent pas en brasselet, ce sont de grands portraits à l'huile qui parent ordinairement la Salle d'assemblée. Je m'attachai à une Madame de Grancour qui étoit assés jolie, & le lendemain je lui donnai le Bal. C'est une déclaration autentique dont l'éclat est nécessaire. Je fus donc bien reçû & aussi-tôt en charge. Je faiſois tous les jours la partie de Madame ; je la voyois tête à tête après ſouper , ou quelque tems avant l'heure de l'aſſemblée qui ſe tenoit alternativement chés quelques-unes. Ce que nous faiſions dans la ſocieté de l'Etat Major & des Capitaines, les Subalternes le pratiquoient de leur côté. En trois jours un Régiment eſt établi, peut-être mieux qu'au bout d'un an ; car dans les commencemens il ne peut y avoir encore de tracaſſeries, & l'on n'a point de mauvais procedés à ſe reprocher.

J'étois avec Madame de Grancour dans un commerce réglé , lorſque par un caprice, dont je n'ai jamais bien ſçu le motif; elle me dit un ſoir que je ne pouvois pas reſter chés elle après l'aſſemblée qui s'y tenoit ce jour-là , qu'elle me prioit de ſortir avec la compagnie, & que sur le minuit je n'avois qu'à me rendre sous le balcon de sa fenêtre, que j'y trouverois une échelle de corde par le moyen de laquelle je passerois dans son Appartement. Tant de précautions me paroissoient assés superfluës dans les termes où nous en étions; cependant je ne fis pas de difficultés, je sortis comme les autres, & je me rendis sous la fenêtre à l'heure marquée; j'y trouvai cette mysterieuse échelle, j'y montai, & j'étois près de passer par-dessus le balcon dans l'Appartement, lorsque la Patrouille vint à passer. L'Officier qui la conduisoit m'apperçut, il m'ordonna aussi-tôt de descendre pour me faire arrêter, & je descendis en enrageant. Mais à peine cet Officier, qui étoit de mon Régiment, m'eut-il reconnu qu'il fit un éclat de rire; quoi c'est vous, dit-il, mon

Colonel ? Et que diable allés-vous donc faire par ce balcon ? Je croyois vos affaires plus avancées. Morbleu, lui dis-je, je le croyois aussi, mais une sotte complaisance pour une folle..... Allés, allés, reprit-il, vous n'êtes point fait pour prendre cette voye-là, on ne doit faire entrer aujourd'hui par une fenêtre que ceux qu'on y peut faire sortir, frappés à la porte, & faites-vous ouvrir. Il se mettoit déja en devoir d'exécuter ce qu'il me disoit, mais je l'en empêchai, & je me retirai chés moi plein de dépit.

Une avanture arrivée à un Colonel dans une garnison ne peut pas être secrete ; la mienne fut publique le lendemain. J'avois eu le tems de me remettre, & je me prêtai de bonne grace à toutes les plaisanteries. Les plus mauvaises que j'eus à essuyer furent celles de l'Intendante. Elle me dit que le commerce de la Bourgeoiſie étoit au-deſſous de moi, & qu'elle avoit à ſe plaindre de ce que je la négligeois. Il eſt vrai que j'y allois peu. L'inſipide fatuité qui régnoit à l'Intendance m'en avoit écarté. M. l'Intendant étoit un petit homme plein de prétentions, d'une mine baſſe, d'un air fat, d'un eſprit faux, d'un babil éternel, & d'un maintien impertinent. Dès notre premiere entrevuë j'avois remarqué dans les politeſſes exceſſives, qu'il croyoit me faire, une ſuffiſance que j'aurois imaginé être au dernier periode, ſi je n'avois vû quelque tems après Madame l'Intendante. Ce couple pouſſoit la morgue & la vanité au dernier excès. Les agaceries que mon avanture m'attira de la part de l'Intendante me firent changer de conduite, & je réſolus de m'y attacher. Je pris le parti de m'en amuſer, & pour y parvenir, j'eus la méchanceté d'entretenir leur manie. D'ailleurs les troupes ont malheureuſement beſoin de ces gens-là ; je flattai donc leur orguëil, j'applaudis à leurs ridicules, je diſois en leur parlant d'eux-mêmes, *des gens comme eux*. Je leur repréſentois ce qui leur étoit dû, ſans le rendre moi-même. J'ajoutois que la repréſentation étoit néceſſaire dans la place qu'ils occupoient, & faiſoit partie du ſervice du Roi. Cette conduite fut très-utile à mon Régiment. Il n'étoit que par détachement dans la Ville, le reſte étoit repandu dans les Villages autour de la place. Le ſoldat avoit beau faire du deſordre, toutes les plaintes du pays n'étoient pas ſeulement écoutées, & le quartier fut bon ; les bonnes graces de Madame l'Intendante que je parvins à obtenir le rendirent encore meilleur. J'étois le plus considérable de ceux qui se trouvoient alors à ***. ainsi elle m'écouta par vanité, & je la pris parce que je n'avois rien de mieux à faire. Elle n'étoit que médiocrement jolie ; mais la nécessité & la jeunesse ne me rendoient pas difficile. Mon prédecesseur dans ses bonnes graces étoit un jeune Officier d'Infanterie parfaitement bienfait. L'honneur de la couche de Madame l'Intendante l'avoit flatté, & par ses soumissions aveugles il avoit seduit son orguëil, mais il me fut sacrifié. J'étois obligé d'essuyer l'ennui des discours de l'Intendante sur les prérogatives de sa place. On ne conçoit pas les hauteurs qu'elle avoit en ma présence avec tous les autres ; enfin elle n'oublioit rien & outroit tout pour me persuader de la dignité & de l'éminence de l'Intendance, & pour me faire oublier qu'étant souveraine en Province, elle n'étoit qu'une Bourgeoise à Paris.

Cependant tout annonçoit la paix, & elle fut bien-tôt concluë. J'avois toujours eu envie de voyager, & surtout de voir l'Italie, je me trouvois assés à portée d'y passer du lieu où j'étois ; je demandai un congé, & je l'obtins.

Les charmes de Madame l'Intendante ne furent pas capables de m'arrêter ; le commerce que j'avois avec elle n'étoit apparemment attaché qu'à la Ville où je l'avois rencontrée ; car l'ayant retrouvée l'année suivante à Paris, il ne fut jamais mention de rien qui eut rapport à ce qui s'étoit passé entre nous. Je fus bien aise de suivre quelquefois à Paris M. & Madame l'Intendante, pour voir combien leur vanité avoit à souffrir dans une Ville qui sert si parfaitement à corriger les fatuités Subalternes.

Après avoir quitté *** je parcourus toute l'Italie, je n'oubliai rien de tout ce qui pouvoit intéresser la curiosité, & me faire retirer le fruit de mes voyages. Je m'attachai particulierement à éviter tout ce qui décrie la jeunesse Françoise. J'étois surtout en garde contre le danger des Courtisannes, & je serois, je crois, revenu sans connoître les Italiennes, si une avanture qui m'arriva à Venise ne m'en eut procuré l'occasion.

Une femme jeune, belle & bien faite qui se nommoit la Signora Marcella m'y retint trois mois dans les plaisirs les plus vifs. Il n'y a point de pays où la galanterie soit plus commune qu'en

France ; mais les emportemens de l'amour ne ſe trouvent qu'avec les Italiennes. L'amour qui fait l'amuſement des Françoiſes, eſt la plus importante affaire & l'unique occupation d'une Italienne. Au lieu de raconter moi-même cette avanture, je joindrai ici une lettre que Marcella écrivit quelques jours après mon départ de Veniſe à une de ſes amies, & que celle-ci me renvoya ; on y verra des circonſtances que j'obmettrois comme frivoles, & qui ſont trop importantes pour qu'une Italienne les oublie.

LETTRE
DE LA
SIGNORA MARCELLA
A LA SIGNORA MARIA. *

QUI peut soulager les peines de mon cœur, ma chere amie ? Qui peut effacer de mon esprit le souvenir de mes plaisirs passés ? Que vous êtes heureuse avec votre amant ! Vous êtes ensemble à la campagne, & n'avés point d'obstacle dans votre passion ; la maison délicieuse où vous le possedés ajouteroit encore aux plaisirs de l'amour s'il avoit besoin

* On s'est crû obligé de traduire cette lettre pour ceux qui n'entendroient pas l'Italien avec la même facilité que le François.

*d'autre chose que de lui-même. Paris fait aujourd'hui l'objet de tous mes vœux ; cette Ville si heureuse pour les femmes, & si funeste pour moi est la patrie du Seigneur Carle *, il l'habite à présent, & je n'y sçaurois être ; je ne puis que m'affliger. Souffrés, ma chere amie, que pour soulager ma douleur je vous retrace les impressions que l'amour a faites sur mon cœur, vous jugerés si l'on peut en ressentir plus vivement les fureurs.*

Vous sçavés que j'ai vêcu pendant cinq ans avec mon mari dans une union tranquille ; je croyois que l'indolence d'un état languissant étoit de l'amour ; il n'étoit réservé qu'au Seigneur Carle de me tirer de l'ignorance où j'étois.

Il y a quelques mois que je le

* Les Italiennes accoutumées à ces noms les donnent plus volontiers à leurs Amans que leurs noms de famille.

trouvai au Ridotte. Sa vûë me fit un cœur nouveau, un penchant invincible m'entraîna sans réflexion; je profitai de l'heureuse liberté du masque pour lui parler, son esprit me charma autant que sa figure. L'envie de lui plaire m'avoit engagée à lui faire des avances, je craignis, après l'avoir quitté, qu'il ne me confondit avec les Coquettes & les Courtisannes. Ces réflexions m'occuperent toute la nuit. L'amour qui donne & détruit les idées dans le même instant me faisoit redouter son insensibilité, ou flattoit mon espoir. J'avois chargé un de mes Gondoliers de s'informer avec exactitude du Signor Carle; j'appris dès le lendemain son nom, son pays, & qu'il étoit depuis un mois à Venise. Dans la conversation que j'avois eüe avec lui j'avois reconnu avec chagrin qu'il étoit François, je n'en devins que plus sensible au plaiſir de le fixer. J'appris avec transport qu'il étoit libre, & qu'il n'avoit aucun commerce avec les malheureuſes dont notre Ville eſt remplie. Ces idées me conduiſirent le jour même au Ridotte, je l'y trouvai. Je m'étois apperçu la veille qu'il m'avoit quittée un moment pour demander mon nom, & je l'avois remarqué avec plaiſir ; mon trouble en le voyant fut extrême ; il n'étoit pas maſqué, je pouvois lire ſur ſon viſage les impreſſions que je faiſois ſur lui. Mes yeux ſaiſiſſoient avec vivacité ſes moindres mouvemens. Notre converſation étoit animée par cette curioſité qui reveille tous les ſens, qui cherche & qui fait à chaque inſtant des découvertes nouvelles. Je le trouvai inſtruit de tout ce qui pouvoit me regarder ; je jugeai par moi-même que cette curioſité n'eſt jamais la ſuite de l'indifférence. Je voulus juger de l'impreſſion

pression que mes traits feroient sur lui, je lui fis signe de me suivre, il m'obéit. Nous sortîmes du Ridotte, & nous entrâmes dans un de ces Caffés dont il est environné; je me fis ouvrir une chambre particuliere. Si-tôt que nous fûmes seuls il me pria de me démasquer, je cédai à son impatience. Que l'amour propre dans ces instans est soumis à l'amour! J'attendois mon arrêt, un coup d'œil alloit le prononcer. Mon ame étoit suspenduë! Je remarquai dans les yeux de mon Amant une joye qui pénétra mon ame. Son empressement, la vivacité de ses desirs & de ses caresses me faisoient craindre qu'il ne l'emportât sur moi en amour, & mit le comble à ma passion. Je ne puis exprimer aujourd'hui tout ce que l'amour nous inspiroit à l'un & à l'autre dans un instant. Nous ne pouvions demeurer dans ce lieu que le tems qu'il nous falloit pour prendre les meſures capables d'aſſurer notre bonheur. J'exigeai qu'il reparut au Ridotte, je revins chés moi uniquement occupée de mon amour. Mon mari, ma maiſon, mes valets, tout ce qui m'environnoit, prit une forme nouvelle & deſagréable à mes yeux. J'avois une vie nouvelle à arranger, des rendés-vous à donner ſans me commettre, un commerce de lettres à établir, je voulois être informée de toutes les démarches de mon amant. Que d'idées ! que de projets occupoient mon eſprit ! mais j'éprouvai que l'amour ſçait applanir toutes les difficultés. J'envoyai mon Gondolier reconnoître encore la maiſon du Signor Carle, regarder, examiner & obſerver les plus petites circonſtances. J'aurois voulu prendre ce ſoin. Carle reconnut mon Gondolier, & lui donna un billet pour moi ; il me parut vivement écrit, l'amour l'avoit dic-

té, l'amour le lisoit. J'accablai de questions celui qui me le rendit, je voulus sçavoir comment il avoit été reçû, mon impatience m'empêchoit d'apporter aucun ordre dans mes questions, & me les faisoit précipiter ; une nouvelle question me paroissoit toujours plus importante que la derniere. J'appris que sa maison donnoit sur un petit Canal assés près de mon Palais, & dans un endroit peu fréquenté ; je compris qu'il me seroit aisé à la faveur du masque de me rendre chés lui. Je convins le soir au Ridotte avec le Signor Carle qu'il m'attendroit le lendemain sur les trois heures. Quoique je fusse animée par l'amour ; quand l'heure de mon départ arriva, je sentis un trouble qui m'étoit inconnu, mon cœur palpitoit, j'envisageois les conséquences de ma démarche, j'avois cette irrésolution qui vient plus des doutes de l'amour, que des combats de la vertu ; j'éprouvois ce doux frissonnement que donne les approches du plaisir. Le Signor Carle qui m'attendoit me prit dans ses bras, & me conduisit dans son appartement, ce ne fut pas sans m'arrêter à chaque pas pour m'accabler de caresses : mon ame n'étoit plus à elle. Trop étonnée pour me refuser à l'amour, trop passionnée pour avoir des remords, mon ame nâgeoit dans les plaisirs, & ne fit qu'un instant de quelques heures, tout m'étoit nouveau, & cette nouveauté est l'ame de l'amour. Jamais une plus aimable confusion ne s'est emparée des idées, timide sur mes desirs, embarrassée dans mes expressions, séduite par les plaisirs, animée par ceux de mon Amant, je n'étois que docile & soumise. La nuit qui survint nous fit voir avec regret qu'il falloit s'arracher des bras de l'amour ; le Signor Carle me con-

duisit à la premiere Gondole. Que j'aimois mon Amant ! je me reprochois le peu d'amour que je lui avois témoigné, je desirois de le revoir pour le rassurer. J'allai chés la Signora Baldi, je voulois avoir fait une visite que je pusse avouer à mon mari. J'arrivai chés elle au milieu d'une nombreuse compagnie, tout le monde me parut ébloui de ma beauté; le bonheur de l'amour répand l'éclat & la sérénité sur tous les traits. Mon Amant me devint plus cher que ma vie ; l'amour nous fit rechercher de nouveaux rendés-vous, & nous les fit trouver. Tout ce que l'amour inspire aux Amans, tout ce que les plaisirs peuvent procurer, nous l'avons mis en pratique avec un succès toujours nouveau. Hélas ! il ne m'en reste que les regrets, il est parti, & je ne puis soutenir l'idée de ne le voir jamais. J'ai reçu de ses nouvelles ; mais les foibles plaisirs que les lettres procurent ne servent qu'à faire regreter un état plus heureux. Les Amans qui m'obsedent ne font qu'irriter mes peines, & ne peuvent effacer Carle de mon ame. Adieu, ma chere amie, plaignés & aimés-moi.

J'étois dans toute la vivacité de mon intrigue avec la Signora Marcella lorsqu'on apprit à Venise la mort du Roi. Je reçus ordre en même tems de revenir en France. Comme j'étois moins retenu à Venise par l'amour que par le plaisir, j'eus moins de peine à m'en arracher. J'essayai inutilement de consoler Marcella ; enfin après lui avoir promis de revenir, & après toutes les protestations que les Amans font en pareil cas souvent de la meilleure foi du monde, & qu'ils ne tiennent jamais, je partis. A peine étois-je arrivé à Paris que je reçus de la Signora Maria la lettre que je viens de rapporter. J'en reçus aussi beaucoup de Marcella pleines de passion & d'emportement. Je lui écrivis plusieurs fois, mais bien-tôt l'absence l'effaça de mon esprit, apparemment que la persévérance d'un autre Amant me remplaça dans son cœur; car elle cessa de m'écrire, & je n'entendis plus parler d'elle.

Je trouvai en arrivant à la Cour qu'elle avoit absolument changé de face. Le feu Roi qui dans sa jeunesse avoit été extrêmement galant, avoit toujours apporté beaucoup de décence dans ses plaisirs. Les fêtes superbes qu'il avoit données avoient rendu sa Cour la plus brillante qu'il y eut jamais eu dans l'Europe, & avoient plus que tout autre chose favorisé le progrés des talens &

des Arts. Il ſuffiſoit que les Courtiſans euſſent le goût délicat pour qu'ils imitaſſent le Roi ; mais ils furent obligés de recourir à la flatterie, lorſqu'il fut parvenu à un âge plus avancé.

Le Roi en vieilliſſant ſe tourna du côté de la dévotion, & dans l'inſtant toute la Cour devint dévote, ou parut l'être. Après ſa mort le tableau changea totalement, & ſous la Régence on fut diſpenſé de l'hypocriſie. Le petit nombre de ceux qui étoient véritablement vertueux reſterent tels qu'ils étoient, & ceux qui avoient joué la vertu devinrent en l'abandonnant plus honnêtes gens qu'ils n'avoient été, puiſqu'ils ceſſerent d'être hypocrites. Pluſieurs furent auſſi faux dans le libertinage qu'ils l'avoient été dans la dévotion, & crurent faire leur cour en ſe livrant aux plai-

ſirs;

ſirs ; ce qu'il y a de ſûr, c'eſt que cela étoit parfaitement indifférent.

Pour moi qui n'avoit point de prétentions, & qui n'étoit pas dans l'âge de l'ambition, je ſuivis mon goût ; mon cœur ne pouvoit pas demeurer oiſif, & mon premier ſoin fut de chercher une femme à qui je puſſe m'attacher.

Madame de Sezanne jeune, belle, bienfaite & nouvellement mariée me parut digne de mon hommage. Je m'attachai auprès d'elle, & lui rendis les ſoins les plus aſſidus, heureuſement elle n'avoit point d'engagement ; car je n'ai jamais compté un mari pour quelque choſe. Madame de Sezanne étoit un caractere franc & ſincere, elle reçut mes vœux, & ſi-tôt qu'elle eut pris du goût pour moi, elle me l'avoua, & bien-tôt m'en donna des preuves. Nous vêcûmes environ deux mois dans une union parfaite ; mais inſenſiblement Madame de Sezanne devint Coquette, ou du moins je commençai à m'en appercevoir. Je lui en fis des reproches, elle en parut étonnée, & me dit qu'elle ne croyoit pas avoir rien à ſe reprocher à mon ſujet, puiſqu'elle m'aimoit uniquement ; je me rendis à ſes proteſtations, mais ce ne fut pas pour long-tems. Madame de Sezanne ne parut pas apporter beaucoup de ſoin à me détromper ou de précautions à me tromper. Sa beauté commençoit à faire du bruit, & mille Amans s'empreſſerent auprès d'elle. Quoique je ne remarquaſſe pas qu'elle m'en préférât aucun, je trouvois qu'elle ſe prêtoit avec trop de facilité à toutes les agaceries qu'on lui faiſoit, & je recommençai mes plaintes. Madame de Sezanne qui m'avoit d'abord raſſuré avec bonté, me dit alors que mes reproches la fatiguoient. Je ne pris pas ſon chagrin pour une preuve d'innocence, je ſortis, & je fus deux jours ſans la voir ; mais l'amour me ramena vers elle. Je lui fis tout à la fois des reproches, & lui demandai pardon, & nous nous raccommodâmes. Nous vêcûmes quelque tems enſemble en paſſant le tems à nous brouiller & à nous raccommoder tous les jours. Enfin fatiguée de mes plaintes autant que je l'étois de ſa coquetterie, elle me déclara qu'elle ne pouvoit plus ſupporter mon humeur, qu'elle avoit pris ſon parti ; elle me donna mon congé, & je l'acceptai. Dans le dépit où j'étois je m'emportai contre elle & contre toutes les femmes en déclamant contre leur infidelité. Ce qu'il y a de ſingulier, c'eſt qu'elle n'a jamais pris d'autre Amant ; le public l'a toujours regardée comme un caractere fort oppoſé à la coquetterie, & elle m'a paru depuis à moi-même mériter le jugement du public. Si j'en jugeois différemment lorſque je vivois avec elle, c'eſt que j'avois l'eſprit gâté par les deux avantures qui m'étoient arrivées en Eſpagne & en Italie. Je fis une ſérieuſe réflexion ſur les femmes & ſur moi-même. Je compris que je ne devois pas chercher à Paris la paſſion Italienne, ni la conſtance Eſpagnole ; que je devois reprendre les mœurs de ma patrie, & me borner à la légereté & à la galanterie Françoiſe. Je réſolus de me conduire ſur ce principe, de ne me point attacher, de chercher le plaiſir en conſervant la liberté de mon cœur, & de me livrer au torrent de la ſocieté.

Je ne rapporterai point le détail & toutes les circonſtances des intrigues où je me ſuis trouvé engagé. La plûpart commencent & finiſſent de la même maniere. Le hazard forme ces ſortes de liaiſons ; les Amans ſe prennent parce qu'ils ſe plaiſent ou ſe conviennent, & ils ſe quittent parce qu'ils ceſſent de ſe plaire, & qu'il faut que tout finiſſe. Je m'attacherai uniquement à diſtinguer les différens caracteres de femmes avec qui j'ai eu quelque commerce.

Je n'eus pas plutôt rompu avec Me de Sezanne, que je trouvai dans Me de Perſigny tout ce qu'il me falloit pour me confirmer dans mes nouveaux ſentimens, & dans la réſolution que je venois de prendre de n'avoir point de véritable attachement de cœur.

Les femmes à Paris communiquent moins généralement entre

elles que les hommes. Elles ſont diſtinguées en différentes Claſſes qui ont peu de commerce les unes avec les autres. Chacune de ces Claſſes à ſes détails de galanterie, ſes déciſions, ſa bonne compagnie, ſes uſages & ſon ton particulier; mais toutes ont le plaiſir pour objet, & c'eſt-là le charme du ſéjour de Paris. J'ai eu lieu de remarquer toutes ces différences. Me de Perſigny étoit ce qu'on appelle dans le Marais une petite Maîtreſſe; elle étoit née décidée, le cercle de ſon eſprit étoit étroit. Elle étoit vive, parloit toujours, & ſes reparties plus heureuſes que juſtes n'en étoient ſouvent que plus brillantes. Elevée en enfant gâté, parce que dès l'enfance elle avoit été jolie, les Amans acheverent ce que les parens avoient commencé. Elle ſe croyoit néceſſaire partout, il n'y avoit rien que l'on put voir, point d'endroit où l'on put aller, que l'on n'y trouvât Me de Persigny. Un de ses desirs eut été de pouvoir comme les jeunes gens se montrer dans le même jour à plusieurs spectacles ; mais pour s'en dédommager elle paroissoit à toutes les promenades. Les calêches de goût, les attelages brillans la promenoient sans cesse aux environs de Paris ; souvent elle alloit souper avec sa compagnie dans des maisons de campagne, pendant l'absence de leurs maîtres, & le Traiteur ne lui déplaisoit pas. Il n'y avoit rien qu'elle ne préférât à l'ennui d'être chés elle & au chagrin de se coucher. Trop vive pour s'assujettir à une partie de jeu, elle la commençoit & la quittoit à moitié ; mais elle aimoit la table, & elle y étoit charmante. Ce fut à un souper que je la connus, il fut pouſſé fort avant dans la nuit. Née Coquette, elle s'apperçut de l'impreſſion qu'elle faiſoit ſur moi, & redoubla ſes coquetteries. En ſortant de table elle propoſa d'aller à Neuilly, cette folie étoit alors dans ſa nouveauté, je l'acceptai avec plaiſir; je la ſuivis avec une de ſes amies, je la ramenai chés elle, & la quittai avec une ample proviſion de parties méditées & de projets ſans nombre pour leſquels elle m'engagea. Je conſentis à tout, j'avois envie de lui plaire, ou plutôt de l'avoir, & je me trouvai bien-tôt emporté dans la vie la plus turbulente; mais la deſtinée me conduiſoit à tout voir, & ma facilité naturelle m'engageoit à me prêter à tous les goûts.

Quand une partie manquoit il falloit abſolument en ſubſtituer une autre ; c'étoit alors que l'imagination de Me de Perſigny travailloit, que les meſſages couroient, & qu'il étoit indiſpenſablement néceſſaire de trouver de quoi remplir un intervalle qui ſe trouvoit vuide. La crainte de l'ennui étoit un ennemi pour elle : c'étoit lorſqu'il falloit remplacer une partie qu'elle devenoit careſſante, ſon eſprit étoit inſinuant, & c'eſt avec ce caractere que la femme la plus extravagante fait approuver & partager aux hommes toutes les folies qui lui paſſent par la tête. J'obtins tout ce que je deſirois dans une circonſtance pareille ; mais après m'avoir tout accordé, elle ne m'en parut pas plus attachée à moi. Les rendés-vous qu'elle me donnoit étoient preſque toujours en l'air. Un ſouper tête à tête dans une petite maiſon lui paroiſſoit toujours trop long, il falloit ſe contenter d'y aller paſſer quelques momens. L'envie de s'y rendre lui prenoit au moment que je m'y attendois le moins ; ainſi je m'accoutumai à recevoir à ſa toilette mes rendés-vous les plus ordinaires, parce qu'elle avoit remarqué qu'ils lui prenoient moins de tems. Il eſt vrai qu'elle n'avoit pas même l'apparence du temperamment, & que la complaiſance & les ouï-dire la déterminoient uniquement. Elle prenoit un Amant comme un meuble d'uſage, c'eſt-à-dire de mode ; ſans les faveurs il ſe retire, il faut bien conſentir à lui en accorder. Les lettres qu'elle écrivoit partoient du même principe ; on trouvoit à la fin quelques mots tendres conſacrés par l'uſage, le reſte avoit toujours la diſſipation pour objet. Son mari qui étoit un fort galant homme avoit ſi bien ſenti l'impoſſibilité de fixer un tel caractere, qu'il ne la contraignoit en rien, & s'étoit raſſuré ſur l'indifférence que la nature lui avoit donnée en naiſſant; on voit qu'il n'y gagnoit pas davantage. Indépendamment de toutes les raiſons frivolles & des motifs ridicules de Me de Perſigny pour avoir toujours un Amant en titre & des aſpirans; l'envie d'avoir quelqu'un abſolument à ſes ordres l'engageoit à en conſerver toujours un qui ne devoit pas être infiniment flatté d'une préférence dont le hazard décidoit; mais elle étoit jolie & brillante, il n'en faut pas tant dans le monde pour être couruë. Je ne fus pas long-tems ſans reſſentir tous les dégoûts & toutes les peines d'une vie auſſi agitée. L'imagination de Me de Perſigny n'étant jamais arrêtée, l'on ne pouvoit être ſûr d'aucun plaiſir avec elle ; le ſouper même où elle paroiſſoit la plus fixée & qui ſembloit l'amuſer, ſe paſſoit ordinairement dans les arrangemens de ce que l'on pouvoit faire le lendemain. Pour ne point donner au public des ſcênes que ſon étourderie pouvoit aiſément occaſionner, & que je craignois de partager, je prétextai pluſieurs voyages à la campagne ; j'eus ſoin d'en avertir long-tems auparavant, & les parties s'arrangerent ſans moi. A peine Me de Perſigny s'apperçut-elle de mon abſence, je ne ſçais même ſi elle eut le tems de voir que nous ne vivions plus enſemble. Elle ne manqua pas de gens aimables qui s'empreſſerent à me remplacer, & qui bien-tôt le furent eux-mêmes par d'autres. Enfin ſans rompre préciſément avec elle, je cessai d'être son Amant en titre.

Me de Persigny m'avoit si parfaitement corrigé des fausses délicatesses dont j'avois tourmenté Me de Sezanne, que celle-ci, dont j'avois blâmé la coquetterie, m'auroit alors paru une prude. Il sembloit que l'amour eut entrepris de me faire l'humeur en m'assujettissant aux caracteres les plus opposés.

Pendant que je cherchois à respirer des fatigues que m'avoit causées la pétulance de Me de Persigny, je me trouvai à dîner chés une de mes parentes avec une femme, dont la beauté, la taille noble, l'air sérieux, doux & modeste attirerent mon attention. Elle pensoit finement, & s'exprimoit avec simplicité. Je demandai qui elle étoit; j'appris qu'elle se nommoit Me de Gremonville, & qu'elle étoit dévote par état.

Sa figure, ſon eſprit & ſon maintien me frapperent, & firent impreſſion ſur mon cœur. Je n'oſai lui demander la permiſſion d'aller chés elle, ſon état & le mien ne ſembloient pas compatir, & je ne voulus rien bruſquer; mais je me propoſai bien de venir ſouvent dans cette maiſon, où j'appris qu'elle ſe trouvoit ordinairement, & j'exécutai mon projet. Je voyois donc aſſés ſouvent Me de Gremonville chés ma parente. J'étois moins ſenſible à ſes attraits, qu'au plaiſir de voir en elle la ſimple nature ou du moins ſes apparences. Elle ne mettoit point de rouge, ce qui étoit une nouveauté pour moi, & le calme du régime ajoutoit encore à ſa beauté. Je ſentois qu'elle me plaiſoit infiniment; j'étudiois ſes ſentimens, je n'étois occupé qu'à les flatter, elle y paroiſſoit ſenſible ; mais je n'oſois pas me livrer. Ce qui commença à me donner quelque eſpérance, fut d'apprendre qu'elle n'avoit embraſſé l'état de la dévotion, que pour ramener l'eſprit de ſon mari, qu'une affaire aſſés vive avec un jeune homme avoit un peu éloigné d'elle. Son premier attachement me fit connoître qu'elle n'étoit pas inſenſible. Je lui demandai la permiſſion d'aller chés elle, & je l'obtins. Je remarquai d'abord que Me de Gremonville, outre la conſidération qu'elle avoit dans le public, avoit pris un empire abſolu ſur l'eſprit de ſon mari. La dévotion eſt un moyen ſûr pour y parvenir. Le mari d'une dévote eſt obligé à une ſorte de reſpect pour elle, dont il ne peut s'écarter quelque mécontentement qu'il éprouve, s'il ne veut avoir affaire à tout le parti.

Me de Gremonville disposoit à son gré d'un bien considérable ; tout ce que la magnificence a de solide & de recherché l'environnoit, sans avoir d'autre apparence que celle de la propreté & de la simplicité ; on le sentoit ; mais il falloit examiner pour s'en appercevoir.

Me de Gremonville fut la premiere des dévotes qui amena la mode singuliere des petites maisons, que le public a passé aux femmes de cet état par une de ces bisarres inconséquences dont on ne peut jamais rendre compte ; c'est-là que sous le prétexte du recueillement, il leur est libre de faire avec très-peu de précaution tout ce que ce même public si reservé sur elle, ne passeroit point aux femmes du monde. Enfin sur cet article les choses en sont au point que toute la différence ne tombe que ſur les heures : on y dîne avec la dévote, on y ſoupe avec la femme du monde, de façon que la même maiſon pourroit en quelque ſorte ſervir à l'une & à l'autre.

Les viſites des priſonniers, celles des Hôpitaux, un Sermon, ou quelque Service dans une Egliſe éloignée donnent cent prétextes à une dévote pour ſe faire ignorer, & pour calmer les diſcours, quand par hazard elle eſt reconnuë. Dès que le Rouge eſt quitté, & que par un extérieur d'éclat une femme eſt déclarée dévote, elle peut ſe diſpenſer de ſe ſervir de ſon caroſſe ; il lui eſt libre de ne ſe point faire ſuivre par ſes gens, ſous le prétexte de cacher ſes bonnes œuvres ; ainſi maîtreſſe abſoluë de ſes actions, elle traverſe tout Paris, va à la campagne ſeule ou tête à tête avec un Directeur. C'eſt ainſi que la réputation étant une fois établie, la vertu, ou ce qui lui reſſemble devient la ſauve-garde du plaiſir.

Me de Gremonville commença par me faire cent queſtions différentes ſur les femmes avec qui j'avois vêcu, tantôt en déplorant la conduite des femmes du monde, tantôt en leur donnant des ridicules. Elle éprouvoit ma diſcretion ſur les autres, afin de s'en aſſurer pour elle-même. L'amour propre ne me fit jamais rompre le ſilence qu'un honnête homme doit garder ſur cette matiere. J'ai toujours été plus ſenſible au plaiſir, qu'à la vanité de la bonne fortune. Cette diſcretion fit impreſſion ſur ſon eſprit, car j'avois déja touché ſon cœur. J'achevai de la ſéduire en l'accablant d'éloges ſur ſa beauté, ſes graces & même ſur ſa vertu. J'admirois toujours les ſacrifices qu'elle faiſoit à Dieu ; mes diſcours étoient flatteurs, ſans paroître hypocrites. Je lui vantois les plaiſirs du monde, & mes yeux l'aſſuroient que j'étois prêt de lui en faire le ſacrifice. Dans la crainte que l'on ne pénétrât le motif de mes viſites, elle m'avertit des heures de ſes exercices de pieté, & de celles où je devois me rendre auprès d'elle, pour n'y pas trouver les dévotes qui s'y raſſembloient quelquefois pour traiter des affaires du parti. Quoique la médiſance ne fut pas un des projets décidé de cette aſſemblée, c'étoit un des devoirs que l'on y rempliſſoit le mieux. Je prenois aſſés bien mon tems pour me trouver toujours ſeul avec Me de Gremonville ; je m'apperçus bien-tôt que l'amour me donnoit de plus en plus ſa confiance, ſon mari même en plaisantoit avec moi; prenés garde, me disoit-il souvent, si Me de Gremonville vous entreprend, elle vous convertira. Elle avoit fait observer ma conduite, elle m'avoit fait écrire des lettres qui m'offroient des avantures agréables; mais le goût qu'elle m'avoit inspiré, & l'envie d'avoir une dévote me rendoient peu curieux d'autres intrigues, & produisirent en moi l'effet de la prudence. Enfin après avoir subi tous les examens dont je pouvois le moins me douter, j'obtins un rendés-vous dans sa petite maison, où je fus introduit en habit d'Ecclesiastique, & ce fut dans la suite mon déguisement ordinaire. Le masque ne donne pas plus de liberté à Venise, que le manteau noir en fournit à Paris, où chacun occupé de ses plaisirs, ne pense guére à troubler ceux des autres. Le prétexte d'un Office particulier donna à Me de Gremonville le moyen de s'abſenter, & de dire qu'elle dînoit chés une de ſes amies pour retourner avec elle au Service de l'après-midi. Malgré tant de précautions elle prit encore celle de m'ouvrir la porte elle-même. Nous montâmes dans un appartement où régnoient à l'envi, la ſimplicité, la propreté & la commodité. Je fis auſſi-tôt éclater tous mes tranſports. Que vous êtes preſſant, me dit-elle ! quoi le plaiſir d'aimer & celui d'être aimé ne peuvent vous ſuffire ? Je vous donne un rendés-vous pour épancher nos cœurs dans une plus grande liberté, le danger auquel je m'expoſe pour vous avoir ici ne peut vous convaincre de l'empire que vous avés ſur mon cœur ; non, vous ne m'aimés point, vous voulés ſéduire ma vertu, pour me confondre avec les autres femmes, & pouvoir me mépriſer comme elles. J'employai les careſſes & les empreſſemens pour la raſſurer ; je vis qu'elle étoit émûë, mais que la pudeur combattoit encore. J'allai fermer les volets, elle ne s'y opposa point, & revenant à ſes genoux, je la trouvai foible & complaiſante à tous mes deſirs. Je ſaiſis ce moment ; je l'emportai ſur un lit de repos, & je devins heureux. Dès que mon bonheur fut confirmé, elle fit éclater des regrets que je pris ſoin de calmer. J'eus avant le dîné tout le tems de lui prouver mon amour, & d'éprouver ſa tendreſſe que rien ne contraignoit plus. Notre dîné ſervi par un tour étoit ſimple, mais excellent : on me traitoit en Directeur cheri. Nous repaſsâmes dans le lieu de nos plaiſirs pour en goûter de nouveaux. L'heure où finit l'Office nous obligea de nous séparer ; mais nous nous retrouvâmes souvent avec les mêmes précautions. La nouveauté de cette avanture avoit mille charmes pour moi. Rien ne ressembloit dans celle-ci à tout ce que je connoissois. Les valets d'une dévote ne sont point dans sa confidence ; ils sont modestes & sages, & n'ont aucune des insolences que leur donne ordinairement le secret de leur Maîtresse. Me de Gremonville quoique vive dans ses caresses, paroissoit moderée dans les plaisirs, & sembloit n'avoir d'autre intérêt que ma satisfaction, sans jamais envisager la sienne. Une dévote employe pour son Amant tous les termes tendres & onctueux de l'Ecriture, & tous ceux du Dictionnaire de la dévotion la plus affectueuse &

la plus vive. La critique du monde que Me de Gremonville faisoit avec esprit, étoit toujours un éloge indirect d'elle-même; elle vantoit les charmes du mystere & les plus grandes voluptés, qu'elle ne présentoit que sous le nom de commodités.

Notre commerce dura six mois, sans que jamais il ait fait le moindre bruit; mais bien-tôt j'apperçus du refroidissement & de la contrainte dans les procedés de Me de Gremonville; elle me fit voir des scrupules, & comme ils ne pouvoient plus naître de la vertu, je les regardai comme des symptômes d'inconstance. J'ai toujours imaginé qu'une jalousie de Directeur causée par un sentiment d'amour ou par un objet d'intérêt avoit troublé notre commerce; ne pouvant pas faire de moi son Directeur, je crois que de de ſon Directeur elle en fit ſon Amant. Les rendés-vous devinrent plus rares, les difficultés de ſe voir augmenterent chaque jour ; Elle me déclara enfin qu'elle ne vouloit plus vivre dans un commerce auſſi criminel. J'eus beau la preſſer, ſon parti étoit pris, & je fus obligé de m'y ſoumettre. Je rendis la ſeule lettre que j'avois ; on ne m'en laiſſoit jamais qu'une, encore ne diſoit-elle rien de poſitif Quoiqu'il en ſoit notre affaire finit ſans aucun éclat. Je fus piqué de me voir quitter ; cependant Me de Gremonville n'eut aucun reproche à me faire. J'obſervai tout ce qu'elle m'avoit recommandé ; je la vis même quelque tems chés elle pour la ménager, mais ſans remarquer la moindre envie de renouer, ni le moindre ſouvenir du paſſé ; ſes procedés en un mot me parurent plus fiers que ceux d'aucune autre femme. Elle n'eut aucun des ménagemens ordinaires aux femmes dans de pareilles circonſtances ; il falloit qu'elle comptât beaucoup ſur ma probité, & elle me rendoit juſtice.

La retraite dans laquelle j'avois vêcu avec Me de Gremonville m'avoit fait perdre de vûë tous mes amis & les différentes ſocietés où j'étois lié auparavant. Je me trouvois donc aſſés iſolé. Je réſolus bien de ne plus tomber dans un pareil inconvenient, & de faire aſſés de Maîtreſſes pour en avoir dans tous les états, & n'être jamais ſans affaire, ſi j'en quittois ou en perdois quelqu'une.

J'étois dans ces diſpoſitions lorſqu'il m'arriva une diſcuſſion avec M. De ** Conſeiller au Parlement pour des droits de Terre. Comme j'ai toujours eu une averſion & une incapacité naturelles pour les procès, & que le moyen de les éviter n'eſt pas toujours de s'en rapporter à ſes Gens d'affaires, j'allai trouver M. De **. C'étoit un homme fort raiſonnable ; d'ailleurs un des grands avantages que les gens de Robe retirent de leur profeſſion, eſt d'apprendre aux dépens des autres à fuir les procès ; ainſi nous terminâmes nous mêmes notre différent à l'amiable, & je reſtai de ſes amis. La premiere marque que je lui en donnai fut de tâcher de ſéduire ſa femme qui étoit aſſés jolie, & j'y réuſſis. Il fallut alors me plier à des mœurs nouvelles, & qui m'étoient abſolument étrangeres.

La hauteur de la Robe eſt fondée comme la Religion ſur les anciens uſages, la tradition & les livres écrits. La Robe a une vanité qui la sépare du reste du monde, tout ce qui l'environne la blesse. Elle a toujours été inférieure à la haute Noblesse ; c'est de-là que plusieurs sots & gens obscurs, qui n'auroient pas pû être admis dans la Magistrature, prennent droit d'oser la mépriser, aussi-tôt qu'ils portent une épée ; c'est le tic commun du Militaire de la plus basse naissance. Cela n'empêche pas qu'il n'y ait dans la Robe plusieurs familles qui feroient honneur à quantité de ceux qui se donnent pour gens de condition. Il est vrai qu'on y distingue deux Classes ; l'ancienne qui a des illustrations, & qui tient aux premieres maisons du Royaume, celle de nouvelle date, qui a le plus de morgue & d'arrogance.

La Robe se regarde avec raison au-dessus de la Finance qui

l'emporte par l'opulence & le brillant, & qui devient à ſon tour la ſource de la ſeconde Claſſe de Robe. Le peuple a pour les Magiſtrats une ſorte de reſpect dont le principe n'eſt pas bien éclairci dans ſa tête, il les regarde comme ſes Protecteurs, quoiqu'ils ne ſoient que ſes Juges.

La plûpart des gens de Robe ſont réduits à vivre entre eux, & leur commerce entretient leur orgueïl. Ils ne ceſſent de déclamer contre les gens de la Cour qu'ils affectent de mépriſer, quoiqu'ils vous étourdiſſent ſans ceſſe du nom de ceux à qui ils ont l'honneur d'appartenir. Il ne meurt pas un homme titré, que la moitié de la Robe n'en porte le deüil, c'eſt un devoir qu'elle remplit au centiéme degré ; mais il eſt rare qu'un Magiſtrat porte celui de ſon couſin l'Avocat. Les ſollicitations ne les flattent pas tous également, les sots y sont extrêmement sensibles, les meilleurs Juges & les plus sensés s'en trouvent importunés, & pour l'ordinaire elles sont assés inutiles. En général la Robe s'estime trop, & l'on ne l'estime pas assés.

Les femmes de Robe qui ne vivent qu'avec celles de leur état n'ont aucun usage du monde, ou le peu qu'elles en ont est faux. Le cérémonial fait leur unique occupation ; la haine & l'envie leur seule dissipation.

Me De ** avoit été élevée dans les principes des avantages de la Robe, & son mari fort attaché à ses devoirs avoit grand soin de les lui repéter tous les jours. Sa jeunesse & un espece de goût qu'elle prit pour moi m'arrêterent pendant quelque tems ; mais la platitude de la compagnie, les plaiſanteries de la Robe qui tiennent toujours du College, la pédanterie de ſes uſages, & la triſte régle de la maiſon me la rendirent bien-tôt inſupportable. Je vis bien que je devois ſonger à m'amuſer ailleurs, & garder Me De ** pour mes heures perduës.

Je commençai à me rendre à la Societé dont Me de Gremonville m'avoit éloigné. Auſſi-tôt que je fus rentré dans le monde; je fus prié à tous les ſoupers connus. Paris eſt le centre de la diſſipation, & les gens les plus oiſifs par goût & par état y ſont peut-être les plus occupés; ainſi je n'étois embarraſſé que ſur le choix des ſoupers qui m'étoient propoſés chaque jour. Je ne les trouvois pas toujours auſſi agréables qu'ils avoient la réputation de l'être; mais je m'y amuſois quelquefois. Après avoir examiné les maiſons qui pouvoient me convenir davantage ; je préférai celle de Me de Gerville. J'y allois plus ſouvent que dans aucune autre, parce que la compagnie y étoit mieux choiſie, & que le jeu y étoit fort rare ; on n'en faiſoit jamais une occupation ni un amuſement intéreſſé.

Je m'y trouvai un jour à ſouper avec Me d'Albi. Elle me toucha moins par ſa figure, qui étoit ordinaire, ſans être commune, que par les graces & la vivacité de ſon eſprit ; la ſingularité de ſes idées & celles de ſes expreſſions, qui ſans être précieuſes étoient neuves. Je jugeai que perſonne n'étoit plus propre que Me d'Albi à me guérir de l'ennui que me cauſoit le commerce de Me De **. Le hazard m'ayant placé à table auprès d'elle, la converſation qui étoit d'abord générale, devint particuliere entre elle & moi; nous oubliâmes parfaitement le reste de la compagnie, & nous en fûmes bien-tôt à parler bas.

Me d'Albi m'accorda la permission d'aller chés elle, & j'en profitai dès le lendemain. Dans les premiers jours de notre connoissance notre vivacité reciproque nous fit croire que nous nous convenions parfaitement, & nous vêcûmes bien-tôt conformément à cette idée; mais je ne fus pas long-tems sans m'appercevoir de l'humeur la plus inégale & la plus capricieuse. Jamais elle ne pensoit deux jours de suite d'une façon uniforme; une chose lui déplaisoit aujourd'hui par l'unique raison qu'elle lui avoit plû le jour précédent. Son esprit qui changeoit à chaque instant d'objet, lui fournissoit aussi les raisons les plus ſpecieuſes & les plus perſuaſives. Pour juſtifier ſon changement, quand elle parloit, elle ceſſoit d'avoir tort. Quelque ſentiment qu'elle défendit, on étoit obligé de l'adopter, tant on étoit frappé de la ſagacité de ſon eſprit, du feu de ſes idées & du brillant de ſes expreſſions. On auroit imaginé qu'elle ne devoit jamais s'écarter de la raiſon, ſi l'on avoit pû oublier que ſon ſentiment actuel étoit toujours la contradiction du précédent.

Ce qu'il y avoit de plus facheux pour moi, c'eſt que ſon cœur étoit toujours aſſervi à ſon eſprit, dont il ſuivoit la biſarrerie & les écarts. Quelquefois elle m'accabloit de careſſes, & le moment d'après j'étois l'objet de ſes mépris. Triſte, gaye, étourdie, ſérieuſe, libre, réſervée; Me d'Albi réuniſſoit en elle tous les caracteres, & celui qu'elle éprouvoit étoit toujours ſi marqué, qu'il eut paru être le ſien propre à ceux qui ne l'auroient vûë que dans cet inſtant. Un jour elle me chargea de lui trouver une petite maiſon, pour nous voir, diſoit-elle, avec plus de liberté. Le premier uſage de ces maiſons particulieres appellées communément petites maiſons, s'introduiſit à Paris par des Amans qui étoient obligés de garder des meſures, & d'obſerver le myſtere pour ſe voir, & par ceux qui vouloient avoir un aſile pour faire des parties de débauche qu'ils auroient craint de faire dans des maiſons publiques & dangereuſes, & qu'ils auroient rougi de faire chés eux.

Telle fut l'origine des petites maiſons qui ſe multiplierent dans la ſuite, & ceſſerent d'être des aſiles pour le myſtere. On les eut d'abord pour dérober ſes affaires au public ; mais bien-tôt pluſieurs ne les prirent que pour faire croire celles qu'ils n'avoient pas. On ne les paſſoit même qu'à des gens d'un rang ſupérieur : cela fit encore que pluſieurs en prirent par air. Elles ſont enfin devenuës ſi communes & ſi publiques, qu'il y a des extrêmités de Fauxbourgs qui y ſont abſolument conſacrés. On ſçait tous ceux qui les ont occupées ; les Maîtres en ſont connus, & ils y mettront bien-tôt leur marbre. Il eſt vrai que depuis qu'elles ont ceſſé d'être ſecretes, elles ont ceſſé d'être indécentes ; mais auſſi elles ont ceſſé d'être néceſſaires. Une petite maiſon n'eſt aujourd'hui pour bien des gens qu'un faux air, & un lieu, où pour paroître chercher le plaiſir, ils vont s'ennuyer ſecretement un peu plus qu'ils ne ſeroient en reſtant tout uniment chés eux.

Nous étions bien ſûrs, M^e d'Albi & moi, de faire un meilleur uſage de celle que nous cherchions. J'eus ſoin de la choiſir dans un quartier perdu, & où nous ne pouvions être connus de qui que ce fût. Je ne ſçaurois peindre le plaiſir & la vivacité avec leſquels M^e d'Albi vint prendre poſſeſſion de notre retraite. Elle la trouvoit préférable à tous les Palais. Nous y ſoupâmes & y paſſâmes la nuit la plus délicieuſe. Nous ne ſentîmes en ſortant que l'impatience d'y revenir. Nous convînmes que ce ſeroit dans deux jours. Heureuſement qu'avant d'aller l'y attendre, je paſſai chés elle. Je la trouvai ſeule ; mais au lieu de l'empreſſement que j'attendois de ſa part, elle me reçut avec mépris, & me dit qu'elle étoit fort ſurpriſe, qu'au lieu de chercher à lui faire oublier l'outrage que je lui avois fait en la conduiſant dans une petite maiſon, j'oſaſſe encore le lui propoſer. J'eus beau lui repréſenter que c'étoit par ſes ordres que j'avois pris cette maiſon, les précautions que j'y avois apportées, & le ſecret avec lequel nous nous y étions vûs; elle me répliqua, que ſi j'avois été jaloux de ſa gloire, je l'aurois détournée d'une pareille idée; qu'une femme raiſonnable, pour peu qu'elle ait ſoin de ſa réputation, ne devoit jamais ſe trouver dans ces ſortes d'endroits, & que les parties les plus ſecrettes ſont les plus malignement interprêtées, lorſqu'on vient à les découvrir: enfin il n'y eut point de reproches que je n'eſſuyai à ce ſujet. C'étoit ainſi que je paſſois ma vie avec Me d'Albi; il ſembloit qu'elle eût dix ames differentes, dont il y en avoit neuf qui faisoient mon supplice. J'étois toujours prêt de la quitter dans ces momens d'orage qui étoient fort fréquens; mais sa figure, son esprit, & un caprice plus favorable de sa part, me ramenoient bien-tôt vers elle. Cependant la tête m'auroit infailliblement tournée, si pour adoucir la rigueur de ma situation, je n'eusse trouvé une femme qui, sans rafiner sur le plaisir, s'y livroit naïvement,& l'inspiroit de même.

C'étoit une riche Marchande de la ruë S. Honoré qui se nommoit Madame Pichon. J'eus occasion de la connoître parce que M. Pichon venoit de faire l'habillement de mon Régiment. Les Marchands de Paris sont flattés de donner des repas aux Officiers des Régimens qu'ils fournissent; je me rendis aux instances de

M. Pichon qui voulut abſolument me donner à ſouper. Je m'y étois engagé par complaiſance, comptant m'y ennuyer, & je m'y amuſai beaucoup. Je fis connoiſſance avec Me Pichon ; elle étoit jeune & jolie, vive & même un peu bruſque, & ce qu'on appelle dans le Bourgeois une bonne groſſe maman. On la vouloit avoir dans tous les repas qui ſe donnoient dans ſon quartier : elle chantoit, elle agaçoit ; elle avoit la repartie prompte, & plus libre que délicate, & le plus long ſouper n'altéroit en aucune façon ſa raiſon. J'imaginai que le nôtre ne s'étoit pouſſé fort avant dans la nuit qu'en ma conſidération ; la ſuite me fit voir que c'étoit l'ordinaire de la maiſon. J'eus envie d'avoir Me Pichon ; & pour y parvenir, je fus obligé de me ſoumettre à ſes parties, & de me livrer à ſa ſociété.

Me

Me Pichon étoit portée à une hauteur naturelle à toutes les femmes, & qui se manifeste suivant leurs differens états. Elle me dit que c'eût été la mépriser que de se cacher de l'avoir, & qu'elle étoit assés jolie pour être aimée, que si cela ne me convenoit pas, elle s'étoit bien passée jusqu'ici d'un homme de condition, & qu'elle vouloit avoir son Amant dans l'arriere de sa boutique, à sa Campagne, & chés ses amies; qu'elle n'avoit enfin à rendre compte de sa conduite à personne qu'à son mari, à qui elle n'en rendoit point. Il fallut donc que je fusse de toutes ses parties de Ville & de Campagne, & que j'eusse encore l'attention d'en dérober la connoissance à Me d'Albi, dont la fierté eût été extrêmement offensée de la rivalité, & qui ne me l'eût jamais pardonné.

Quelque nouvelle que fût pour moi la société de Me Pichon, j'en faisois quelquefois la comparaison avec celles où j'avois vêcu, & je fus bien-tôt convaincu que le monde ne differe que par l'extérieur, & que tout se ressemble au fond. Les tracasseries, les ruptures & les ménages sont les mêmes. J'ai remarqué aussi que les Marchands qui s'enrichissent par le commerce, se perdent par la vanité. Les fortunes que certaines familles ont faites, les portent à ne point élever leurs enfans pour le commerce. De bons Citoyens & d'excellens Bourgeois, ils deviennent de plats Annoblis. Ils aiment à citer les gens de Condition, & font sur leur compte des histoires qui n'ont pas le sens commun. Leurs femmes qui n'ont pas moins d'envie de paroître instruites, estropient les noms, conſondent les hiſtoires, & portent des jugemens véritablement comiques pour un homme inſtruit. Ces mêmes femmes croyant imiter celles du monde, & pour n'avoir pas l'air emprunté, diſent les mots les plus libres, quand elles ſont dans la liberté d'un ſouper de douze ou quinze perſonnes. D'ailleurs elles ſont ſolides dans leurs dépenſes, elles boivent & mangent par état; l'occupation de la ſemaine leur impoſe la néceſſité de rire & d'avoir les jours de Fêtes une joye bruyante, éveillée & entretenuë par les plus groſſes plaiſanteries.

Il m'eût été impoſſible de ſoutenir ce genre de vie: mon départ pour mon Regiment me donna les moyens honnêtes de quitter la bonne Me Pichon. Elle me parut touchée de mon départ, & je me crus obligé de lui conſeiller de ne jamais prendre d'homme du monde. Je lui repréſentai les avantages & les commodités de vivre avec un homme de ſon état qu'elle choiſiroit à ſon gré. Elle me remercia de mes conſeils, & convint d'en avoir fait quelquefois la réfléxion. Elle me fit promettre pour la ménager dans ſon quartier, de la venir voir à mon retour, & je n'y manquai pas. D'ailleurs toutes les femmes avec qui j'ai eu quelque intimité, m'ont toujours été cheres, & je ne les ai jamais retrouvées ſans reſſentir un ſecret plaiſir. J'ai mis à profit pour le monde la ſociété de Me Pichon ; je l'ai toujours comparée à une excellente Parodie qui jette un ridicule ſur une Piece qui a ſéduit par un faux brillant.

A mon retour du Régiment je comptois bien noüer quelque intrigue nouvelle, & quitter décemment Me d'Albi dont je ne voulois plus eſſuyer les caprices. J'ignore ſi elle avoit prévû mes arrangemens, mais elle m'avoit donné un ſucceſſeur pendant mon abſence. Je fus piqué d'avoir été prévenu. Quoique je ne ſentiſſe plus de goût pour elle, & que je fuſſe déterminé à rompre, je ne l'aurois fait qu'avec les ménagemens que j'ai toujours eus pour les femmes; mais je crus devoir me vanger. Je ne négligeai rien pour renoüer, bien réſolu de la quitter après avec éclat. J'allai la trouver; elle venoit d'avoir avec ſon nouvel Amant un de ces caprices que je lui connoiſſois: il étoit ſorti piqué; la circonſtance étoit favorable; elle me reçut au mieux, & nous ſoupâmes enſemble. Le lendemain je la menai à l'Opera en grande loge, & trois jours après je la quittai autentiquement. Elle en eut un dépit qu'elle ne m'a jamais pardonné, & que je lui pardonne volontiers; je me ſuis même reproché ce procedé que je n'aurois pas eu, ſi je n'euſſe été emporté par un mouvement de fatuité. Je n'eus pas plutôt terminé cette affaire là que je ſongeai à d'autres.

Un jeune homme à la mode, car j'en avois déja la réputation, ſe croiroit deshonoré s'il demeuroit quinze jours ſans intrigue, & ſans voir le public occupé de lui. Pour ne pas demeurer oiſif, & conſerver ma réputation, j'attaquai dix femmes à la fois; j'écrivis à toutes celles dont les noms me revinrent dans la mémoire. Cette façon de commencer une intrigue doit paroître ridicule à tous les gens ſenſés; c'eſt cependant une de celles qui réuſſiſſent le mieux aux jeunes gens à la mode. La plûpart de leurs lettres ſont mal reçuës ; mais de vingt qu'il y en ait une qui faſſe fortune : on n'a pas perdu ſon tems ; cela ſuffit avec le courant pour entretenir commerce. La Comteſſe de Vignolles étoit une de celles à qui j'avois écrit. Je ne la connoiſſois que de vûë ; mais ſa coquetterie, ou plutôt ſon libertinage étoit ſi bien établi, qu'elle ne fut point étonnée de ma déclaration. Comme le hazard faiſoit qu'elle n'avoit point alors d'Amant en titre, elle ne balança pas à me faire une réponſe favorable. Je crus qu'il ne me convenoit pas de lui rendre des ſoins, qu'en effet elle ne méritoit gueres ; je me contentai de lui envoyer l'adreſſe de ma petite maiſon, en l'avertiſſant que je l'y attendrois le lendemain à ſouper. Elle ne manqua pas de s'y rendre, comme je l'avois prévû. Elle avoit tellement ſecoué les préjugés de bienſéance, qu'elle ne me donna pas la peine de jouer l'homme amoureux. Nous ſoupâmes avec plus de gayeté, que ſi nous euſſions eu un véritable amour l'un pour l'autre. Son cœur n'avoit aucune part à la démarche qu'elle faiſoit, ainſi ſon eſprit & ſa gayeté parurent en pleine liberté. Me de Vignolles poſſedoit éminemment le talent de donner des ridicules, & nous fîmes une ample critique de toutes les perſonnes de notre connoiſſance. Quand il fut queſtion du principal objet qui conduit dans une petite maiſon, au défaut de l'amour nous en goûtâmes les plaiſirs, & nous nous ſéparâmes fort contens l'un de l'autre. L'imagination vive & même dereglée de Me de Vignolles m'amuſoit, & ſa ſa perſonne m'étoit agréable. Après cinq ou ſix ſoupers j'étois prêt d'en devenir amoureux, lorſque je m'apperçus que j'étois l'Amant qu'elle avouoit en public, & que le jeune Comte de Varennes étoit celui qu'elle préferoit en ſecret. Je voulus faire l'Amant jaloux, éclater en reproches; Me de Vignolles n'y répondit qu'en plaiſantant. Quoi, me dit-elle, la façon dont nous nous ſommes pris a-t'elle dû vous faire imaginer que j'aurois une fidelité à toute épreuve pour un homme qui n'a pas même pris la peine de me faire croire qu'il m'aimoit? Nous nous convenions tous deux; nous n'avions perſonne ni l'un ni l'autre; voilà les motifs qui vous ont déterminés à me choiſir: j'avouë que ce ſont ceux que j'ai eus en vous acceptant ſi facilement. Cet aveu ſingulier me ſurprit, &

bien-tôt me calma. Le ſentiment n'étoit point outragé, l'amour propre ſeul étoit bleſſé ; ainſi je me déterminai à prendre cet avanture légerement. Je lui fis ſeulement promettre pour la forme de me ſacrifier Varennes ; mais loin de me tenir parole, elle lui aſſocia un jeune homme de Robe, ſans compter les paſſades qu'elle regardoit comme choſes qui ne tiroient pas à conſéquence. L'avanture de Varennes avoit éteint l'eſpece d'amour naiſſant que je ſentois pour Me de Vignolles ; les autres acheverent de me la faire mépriſer. Cependant comme elle étoit devenuë néceſſaire à mon amuſement, je n'aurois pû me reſoudre à la quitter, s'il m'avoit été poſſible de ne la voir qu'en ſecret ; mais c'étoit préciſément ce qu'elle ne prétendoit pas, parce que j'étois l'Amant de repréſentation.

Il ne ſe paſſoit guére de jours que je n'entendiſſe raconter quelques-unes de ſes avantures, ou rapporter le détail de quelque nouveau ridicule qu'elle s'étoit donné. L'eſprit ſeul n'en a jamais garanti ; celui de Me de Vignolles ne lui ſervoit qu'à s'en faire accabler. J'avois outre cela la mortification de voir qu'aucune femme ne vouloit aller avec elle. Celles même qui avoient un Amant déclaré croyoient ſatisfaire le public en la mépriſant, au point de refuſer juſqu'aux parties de Spectacles qu'elle leur propoſoit ; ainſi elle ſe trouvoit réduite à n'aller que dans les maiſons ouvertes, où elle vouloit abſolument que je la ſuiviſſe. On partage le ridicule de ce qu'on aime ; j'avois beau en parler légerement tout le premier, on regardoit mes diſcours comme un nouveau genre de fatuité, & l'on s'obstinoit à me croire amoureux pour avoir le plaisir de m'associer aux ridicules de Me de Vignolles. Il faut non-seulement se marier au goût du public, mais encore prendre une Maîtresse qui lui convienne, & mon attachement pour Me de Vignolles étoit généralement blâmé. Mon amour propre eut tant à souffrir pendant trois mois que je vêcus avec elle, que je me déterminai enfin à rompre entierement. Il m'en coûta, je l'avouë; je trouvois à la fois dans Me de Vignolles la commodité & les agrémens que l'on rencontre avec une fille de l'Opéra, & le ton & l'esprit d'une femme du monde. Vive, libertine, emportée, sérieuse, raisonnable, avec beaucoup d'esprit & d'agrémens; elle réunissoit toutes les qualités qui peuvent seduire & amuser: heureuſement que le mépris où elle étoit donnoit des armes contre elle ; ce fut ce mépris qui me détermina à finir un commerce qui me paroiſſoit honteux pour moi. Me de Vignolles fut déſeſperée de me perdre. Elle n'épargna rien pour me ramener ; mais mon parti étoit pris ; j'étois réſolu d'immoler mon plaiſir à l'opinion & aux caprices du public ; je réſiſtai aux larmes que le dépit lui arrachoit, & je la quittai auſſi mal honnêtement que je l'avois priſe.

C'eſt l'uſage parmi les Amans de profeſſion d'éviter de rompre totalement avec celles qu'on ceſſe d'aimer. On en prend de nouvelles, & on tâche de conſerver les anciennes, mais on doit ſurtout ſonger à augmenter la liſte. J'étois trop enyvré des erreurs du bon air, pour avoir négligé un point aussi essentiel ; ainsi j'avois toujours quelque ancienne Maîtresse qui me recevoit sans façon, lorsque je me trouvois sans affaire réglée. Ces femmes de reserve sont de celles que l'on a sans soin, qu'on perd sans se brouiller, & qui ne méritent pas d'article séparé dans ces mémoires.

Comme je n'avois quitté Me de Vignolles que pour satisfaire à l'opinion publique, je songeai à la remplacer dignement, pour me reconcilier avec le public, & mon choix tomba sur Me de Lery. Elle n'avoit d'autre beauté que des yeux pleins d'esprit & de feu ; mais elle passoit pour sage, & l'étoit en effet avec un fond de coquetterie inépuisable.

Je la trouvai au Bal de l'Opéra qui étoit alors dans sa nouveauté, & peut-être le plus sage établissement de Police qui se soit fait dans la Régence. Je liai conversation avec elle, & profitant de la liberté du Bal, je lui offris mon hommage. Elle le reçut avec une facilité qui me fit croire que mon commerce seroit bien-tôt établi, & que je serois l'écuëil de sa sagesse ; mais je n'en fus pas plus avancé. Me de Lery avoit trente Amans qui l'assiégeoient ; elle les amusoit tous egalement, & n'en favorisoit aucun. J'allois tous les jours chés elle ; chaque jour elle me plaisoit davantage, & mes affaires n'en avançoient pas plus. Comme je m'apperçus bien-tôt du manege & de la coquetterie de Me de Lery, je ne voulus pas perdre mon tems avec elle, & je songeai à l'employer plus utilement ailleurs ; mais elle sçavoit conserver ses Amans avec autant d'art qu'elle avoit de facilité à les engager. Elle ne vit pas plutôt que j'étois prêt de lui échapper, qu'elle employa toutes les marques de préférence pour me retenir. Je crus toucher au moment d'être heureux, & je me rengageai de nouveau. Le succès fut bien différent de ce que j'esperois.

Nous nous trouvions toujours chés Me de Lery une demi-douzaine d'Amans, & ce n'étoit pas le quart des prétendans. Elle étoit vive, parlant avec facilité & agrément, extrêmement amusante, & par conséquent médisante. Elle plaisantoit assés volontiers tous ceux qui l'entouroient ; mais elle déchiroit impitoyablement les absens, & les chargeoit de ridicules d'autant plus cruels, qu'ils étoient plus plaisans. Il est rare que les absens trouvent des défenseurs, & l'on n'applaudit que trop lâchement aux propos étourdis d'une jolie ſemme. J'ai toujours été aſſés réſervé ſur cette matiere ; mais l'homme le plus en garde n'eſt jamais parfaitement innocent à cet égard. Un jour que Me de Lery tournoit en ridicule le Comte de Longchamp en ſon abſence ; je me prêtai à la plaiſanterie, ſans rien dire de fort offenſant pour lui. Comme elle ne l'aimoit point, elle n'eut rien de plus preſſé que de recommencer devant lui la même plaiſanterie, & de donner à ce que j'avois dit les couleurs les plus malignes. Il en fut piqué, & ne le diſſimula pas. J'étois abſent, & Me de Lery voulant, ou feignant de s'excuſer, me cita pour avoir tenu les propos en queſtion. Le Comte de Longchamp animé peut-être par un peu de rivalité, ſans entrer en explication me témoigna ſon reſſentiment ; j'y répondis comme je le devois, & lui promis ſatisfaction. Nous nous trouvâmes à minuit dans la Place des Victoires ; nous mîmes l'épée à la main, & je n'eus que trop l'honneur de cette affaire, car le Comte de Longchamp tomba percé de deux coups d'épée. Le clair de la Lune qui nous rendoit aiſés à reconnoître, mon nom qu'il avoit prononcé dans la chaleur du combat, & ſa mort qui arriva le lendemain m'obligerent à m'éloigner, pour laiſſer à mes amis le ſoin d'accommoder cette affaire. Rien n'approche du dépit que j'éprouvai d'être engagé dans une auſſi malheureuſe affaire pour la ſeule femme dont je n'avois rien obtenu.

Je ſortis de Paris bien convaincu que la Coquette la plus ſage eſt plus dangereuſe dans la ſocieté que la femme la plus perduë.

Je me rendis d'abord à Calais où étoit mon Régiment, & après y avoir arrangé quelques affaires, je paſſai en Angleterre.

Le vrai mérite des Anglois avec leur juſte critique ſeroit la matiere d'un ouvrage qui pourroit être agréable & ſingulier ; pour moi qui ne parle que des femmes, je continuerai le récit de mes avantures avec elles.

Le Duc de Sommerſet que j'avois connu à Paris me préſenta au Roi. Ce Prince me reçut avec ſa bonté naturelle ; j'eus même l'honneur de ſouper avec lui chés Me de Candale ſa Maîtreſſe. J'allai quelquefois au triſte cercle de la Cour ; je fus prié à dîner chés toutes les perſonnes de marque, & je fus fort étonné de voir la Maîtreſſe de la maiſon & toutes les femmes ſortir de table au fruit. Je demeurois avec les hommes à toſter, & entendre parler politique. Je fus admis aux converſations des Dames, & reçu dans les Cabarets avec les hommes. Je me prêtai d'abord aux mœurs Angloiſes ; j'appris la langue ; je convins du frivole dont on nous accuſe, & je réuſſis aſſés pour un François.

Les plaiſirs des Anglois en général ſont tournés du côté d'une débauche qui a peu d'agrément, & leur plaiſanterie ne nous paroîtroit pas légere. Les femmes ne ſont pas comme en France le principal objet de l'attention des hommes, & l'ame de la societé.

Je fis connoiſſance avec Miledi B***. Elle étoit parfaitement bien faite, & ſa fierté jointe à un grand air de dédain, après m'avoir révolté, me piqua. Je ſentis qu'il falloit ſe conduire avec art, & cacher mes véritables ſentimens à une femme d'un tel caractere. Je commençai par chercher à mériter sa conversation, en retranchant les bagatelles qui sont nécessaires auprès de nos Françoises. Je cherchai la simple expression du sentiment ; je lui donnai un air dogmatique, & bien-tôt Miledi B *** prit plaisir à s'entretenir avec moi. La premiere faveur qu'elle m'accorda fut celle de me parler François, ce qu'elle n'avoit pas encore voulu faire ; mais elle n'en conserva pas moins son air froid & imposant. Je ne lui marquois point d'empressemens ; j'avois vû qu'ils ne convenoient pas, surtout ne la voyant jamais en particulier. Je passai plus de trois mois sans retirer d'autre fruit de mes soins que celui d'être souffert, & de ne point voir de Rival ; je n'osois lui témoigner combien l'indifférence avec laquelle elle me voyoit arriver ou ſortir des endroits où je la rencontrois m'étoit inſupportable : je n'avois pas encore acquis le droit de me plaindre. J'étois enfin au moment de tout abandonner, quand un de mes gens vint me dire un matin qu'un Cocher de place demandoit à me parler. Ce Cocher me dit qu'une femme m'attendoit dans ſon caroſſe à la porte de S. James. Je m'y rendis, ne comprenant pas quelle affaire pouvoit m'attirer un pareil rendés-vous; mais quelle fut ma ſurpriſe en ouvrant la portiere de trouver Miledi B*** cachée dans ſes coëffes qui m'ordonna de monter : je lui obéis. Elle dit au Cocher de nous conduire dans l'endroit qu'elle lui avoit indiqué. Je voulus lui parler, elle m'impoſa ſilence, & nous arrivâmes dans la Cité, où nou, entrâmes par une petite porte quarrée dans une maison dont l'extérieure étoit fort simple. Nous passâmes dans un appartement magnifique, dont elle avoit la clef. Je lui témoignai ma vive reconnoissance, & je vis qu'elle en recevoit toutes les marques que l'amour peut en donner. Vous devés sans doute être étonné, me dit-elle, de la démarche que je fais aujourd'hui? Je voudrois, lui répondis-je, la devoir à l'amour. Soyés content, me dit-elle, je vous aime depuis longtems; vous m'aimés, repris-je avec vivacité, comment ne m'en avés vous rien témoigné? Que vous m'avés fait souffrir! Ne parlons point du passé, reprit-elle; j'ai examiné votre conduite; je me suis dit à moi-même plus que vous ne m'auriés osé dire: vous devés en être convaincu par la démarche que je fais. Ma fortune & ma vie ſont entre vos mains. Je profitai d'un aveu ſi favorable; & je trouvai cette beauté qui m'a-voit paru ſi froide & ſi fiere en public, ſi vive & ſi emportée dans le tête à tête, que j'avois peine à me perſuader mon bonheur. Nous nous ſéparâmes après les tranſports de l'amour, après toutes les proteſtations de fidelité, telles que des amis ſinceres les peuvent prononcer, c'eſt-à-dire, dégagés de tout le langage froid & puerile de la galanterie. Ne vous attendés pas, me dit-elle, que je vous donne jamais en public le moindre témoignage de tout ce que vous m'avés inſpiré. Si vous voulés continuer à me plaire, ſoyés auſſi réſervé dans le monde, que s'il ne s'étoit rien paſſé entre nous. J'en jugerai ce ſoir, ajouta-t'elle, au cercle où je compte vous voir, &

& ne pas même vous regarder. Laiſſés donc agir mes ſentimens que rien ne peut changer. C'eſt à moi de vous inſtruire des jours où je pourrai vous voir, ſoit ici, ſoit ailleurs. Je me charge de vous écrire & de vous faire rendre mes lettres ; vous n'aurés que des réponſes à me faire.

Nous vêcûmes quelques tems ſans la moindre altération dans notre commerce ; mais la jalouſie vint le troubler. Une Françoiſe de mes parentes fut attirée à Londres pour quelques affaires ; elle devint pour Miledi un ſujet de jalouſie dont l'effet mérite d'être rapporté.

Elle ne me fit aucun reproche ; je remarquai ſeulement en elle un air plus ſombre & plus farouche. Loin de chercher à me ramener par des reproches, ou par une plus grande vivacité, ou par des ridicules jettés ſur l'objet qui lui déplaiſoit : elle évita même de le nommer. Pour moi qui n'avoit rien à me reprocher, & qui ignoroit les ſoupçons de Miledi, j'étois tranquile, lorſque j'en reçus un billet dont le ſens étoit. Que tranſporté de dépit & de fureur ſur ma perfidie, elle ſe ſentoit au moment de ſe donner la mort, après m'avoir arraché la vie. Ce billet me fit fremir pour elle ; je ſçavois le mépris que les Anglois font de la mort par les exemples fréquens de ceux qui ſe la donnent. J'écrivis ſur le champ à Miledi pour lui demander un rendés-vous. Ma lettre portoit un caractere de candeur, de ſimplicité & d'innocence. Je l'aimois & j'étois incapable de lui manquer, & quoique ce commerce ne paroiſſe pas ſéduiſant, la ſincerité en fait pardonner la dureté, & un Amant eſt flatté d'inſpirer des ſentimens auſſi déterminés. Miledi m'accorda ce rendés-vous, & j'achevai de la détromper ; mais ſon ame avoit éprouvé des agitations dont elle reſſentoit toujours l'impreſſion : ſon amour & ſa fierté avoient été trop frappés des ſeules alarmes qu'ils avoient reſſenties. Je voyois qu'elle étoit agitée. Ce n'étoit pas une femme à laquelle on put faire dire ce qu'elle n'avoit pas réſolu. Je prévoyois un orage ; mais je ne m'attendois pas à la façon dont il éclata.

Elle me donna un rendés-vous dans ſa maiſon de la Cité ; je m'y rendis. Après m'avoir témoigné plus d'amour qu'elle n'avoit encore fait. M'aimés-vous véritablement, me dit-elle ? je ne veux point être flattée, parlés-moi avec candeur. Pouvés-vous en douter, lui dis-je, mon amour fait tout mon bonheur; mais, ajoutai-je, mon cœur n'eſt pas ſatisfait. Je vois que depuis quelque tems vous êtes occupée d'une choſe que vous me cachés; croyés-vous que mon cœur n'en ſoit pas bleſſé, ouvrés-moi votre cœur. C'eſt, reprit-elle, pour vous découvrir le fond de mon ame que j'ai voulu vous parler aujourd'hui. J'ai été jalouſe, c'eſt tout dire, pour exprimer ce que j'ai ſouffert, & puiſque ce ſentiment n'a pû me forcer à vous quitter, je vois que je vous aime pour ma vie. J'ai eu tort dans cette occaſion; je ne veux plus être expoſée à l'avoir. Vous êtes porté à la galanterie; vous ſerés aimé, & bien-tôt vous me ſerés infidele. Je veux vous poſſeder ſeule ſans la crainte de vous perdre. Londres m'eſt odieux, je n'y ſerois pas tranquile:

voyés ſi vous voulés me ſuivre & venir au bout de l'Univers. J'y ſuis réſoluë ; ſi vous me refuſés, votre amour eſt foible, & votre cœur n'eſt pas digne de moi.

Ce projet m'étonna ; mais ne voulant pas m'oppoſer avec trop de vivacité à ſon ſentiment, je lui repréſentai les engagemens qu'elle avoit avec ſon mari, l'éclat que feroit ſon départ. J'ajoutai que ma fortune ne permettoit pas de l'expoſer dans un pays où je n'avois aucune reſſource. Elle m'écouta ſans m'interrompre, & quand j'eus ceſſé de parler. J'ai tout prévû, répliqua-t'elle, les engagemens que j'ai avec mon mari ne ſont à mes yeux qu'une convention civile. Je n'ai point d'enfans ; j'ai fait la fortune de mon mari par les biens que je lui ai apportés, & que je lui laiſſe ; mais je ſuis maîtreſſe de vendre des habitations conſidérables que j'ai à la Jamaïque. C'eſt-là que nous irons d'abord. Nous porterons les fonds que nous en aurons retirés dans les lieux qui vous plairont le plus ; les nations me ſont égales ; celle que vous choiſirés deviendra ma patrie. Je ne vis que pour vous, l'éclat de mon départ m'intéreſſe peu ; mais parlés-moi vous-même avec ſincerité. Regreteriés-vous votre pays ? un tel attachement ſeroit bien éloigné de l'amour & même de la raiſon. Songés-vous que ce même pays vous a proſcrit pour avoir eu des ſentimens dont la privation vous eut deshonoré ? Peut-on regreter des hommes dont les idées ſont ſi fauſſes & ſi mépriſables ? Si vous m'aimés je vous dois ſuffire ; l'amour doit détruire tous les préjugés. Mon projet qui eſt au-deſſus du caractere de vos Françoiſes peut vous étonner, ainſi je n'exige pas votre parole dans ce moment ; je vous donne huit jours, pendant leſquels je vous verrai ſans vous faire la moindre queſtion ſur le parti que je vous propoſe. En achevant ces mots elle me quitta, & me laiſſa dans un trouble & un embarras inexprimables. La probité étoit révoltée du parti que me propoſoit Miledi ; mais l'excès de ſon amour m'attendriſſoit & redoubloit mon attachement pour elle. Je voyois avec douleur que mon refus alloit forcer Miledi à un éclat affreux pour elle & pour moi. Dans cette ſituation j'allai voir l'Abbé du Bois qui depuis a été Cardinal, & qui étoit alors chargé à Londres des affaires de France. Il s'apperçut de mon trouble, & me preſſa de lui en dire le ſujet.

Son caractere qui le portoit plus

à l'intrigue qu'à la négociation, lui avoit fait découvrir mon avanture ; il m'en avoit souvent parlé, & je ne lui avois répondu que ce qu'il est permis à un honnête homme de dire pour faire respecter son goût & prevenir les questions. L'Abbé qui de tous les hommes étoit celui qui avoit la plus mauvaise opinion des femmes, attendu l'espece de celles avec lesquelles il avoit toujours vêcu, n'auroit pas eu grand égard pour Miledi même, mais il en avoit pour moi ; c'est pourquoi je m'ouvris à lui dans cette occasion. L'affaire lui parut importante. Tout est parti en Angleterre, & les femmes sont aussi attachées que les hommes à l'un ou à l'autre de ceux qui la divisent ordinairement. Miledi étoit Thoris, & le Régent avoit intérêt dans ce moment de les ménager. L'Abbé bé qui ſentit la conſéquence d'un éclat cauſé par un François dans les circonſtances préſentes de ſa négociation, ne négligea rien pour m'engager à repaſſer promptement en France. Je lui repréſentai les riſques de mon retour ſans avoir accommodé mon affaire. Il m'offrit une lettre pour M. le Duc d'Orleans, & m'aſſura que ce Prince feroit terminer mon affaire à ma ſatisfaction. Il ajouta même les menaces, voyant que je balançois à ſuivre ſes conſeils; & les menaces de la politique ſont aſſés communement ſérieuſes. En un mot l'Abbé me força de partir ſans voir Miledi, & me permit ſimplement de lui écrire. Je lui écrivis dans les termes les plus paſſionnés; je lui marquai le regret que j'avois de la quitter; je l'aſſurai que les reproches que j'aurois à me faire en acceptant ses dernieres propositions s'opposoient trop aux sentimens d'un homme d'honneur, & m'obligeoient à partir pénétré de ses bontés dont je conserverois un souvenir éternel. Mon retour fut heureux ; le Régent fut sensible à ma situation, comme l'Abbé me l'avoit assuré, & mon affaire fut heureusement & promptement terminée. Peu de jours après mon retour à Paris, je reçus une lettre de Miledi où tout ce que l'amour outragé peut inspirer étoit exprimé. Elle finissoit par me dire un éternel adieu : & j'appris fort peu de tems après qu'elle s'étoit elle-même donné la mort. Cette nouvelle me plongea dans la plus vive douleur ; je ne fus plus sensible au plaisir de me retrouver dans ma patrie. Je m'accusai cent fois de barbarie. L'image de l'infortunée Miledi étoit toujours présente à mon esprit, & même aujourd'hui je ne me la rappelle point sans émotion.

Cependant mes amis n'oublierent rien pour me tirer de la retraite où je m'obstinois à vivre, & pour dissiper les noires impressions d'une mélancolie dont ils craignoient les suites pour moi. Je me prêtai d'abord par complaisance à leurs empressemens & à leurs conseils, & bien-tôt je m'y livrai par raison. Outre les motifs de chagrin qui m'étoient particuliers, on contracte en Angleterre un air sérieux que l'on porte jusque dans les plaisirs; le mal m'avoit un peu gagné; l'air & le commerce de France sont les meilleurs remedes contre cette maladie.

Aussi-tôt que je me fus rendu à la societé, mon goût pour les femmes se reveilla; mais je fus d'abord assés embarrassé de ma personne. Je retrouvai heureusement quelques-unes de mes anciennes Maîtresses assés complaisantes pour moi. Je vis bien qu'on peut compter sur la constance des femmes, quand on n'en exige pas même l'apparence de la fidelité. Cependant une conquête nouvelle m'étoit nécessaire ; & je me trouvois dans un assés grand embarras. Après un an d'absence, c'étoit une espece de début ; on étoit attentif au choix que j'allois faire : de ce choix seul pouvoient dépendre tous mes succès à venir. Me de Limeüil me parut d'abord la seule femme digne de mes soins ; mais la réflexion sçut reprimer ce premier transport. Elle étoit jeune, elle passoit pour sage, & il falloit qu'elle le fut, car on n'avoit point encore parlé d'elle. L'attaquer, & ne pas réussir, c'étoit me perdre ; un homme à la mode ne doit jamais entreprendre que des conquêtes ſûres. Tandis que je combattois par ces réflexions judicieuſes, le goût que je me ſentois pour Mᵉ de Limeüil ; j'entendis parler dans pluſieurs maiſons de l'eſprit, des agrémens, & ſurtout du mérite de Mᵉ de Tonins. On citoit ſa maiſon comme le rendés-vous des gens les plus aimables de Paris : c'étoit une faveur que d'y être admis. Non-ſeulement les hommes de la meilleure compagnie lui faiſoient une cour aſſiduë ; on voyoit même les femmes les plus reſpectables s'empreſſer à devenir ſes complaiſantes. On m'offrit de m'y préſenter, & je l'acceptai. Mᵉ de Tonins me reçut poliment. Je la trouvai au milieu d'un cercle de quelques beaux eſprits & de gens du monde, donnant le ton, &

ſe faiſant écouter avec attention. Je trouvai réellement beaucoup de ce qu'on appelle eſprit dans le monde à Me de Tonins & à quelques-uns de ſa petite cour, c'eſt-à-dire, beaucoup de facilité à s'exprimer, du brillant & de la légereté ; mais il me parut qu'ils abuſoient de ce dernier talent. La converſation que j'avois interrompuë étoit une eſpece de diſſertation metaphyſique. Pour égayer la matiere Me de Tonins & ſes favoris avoient ſoin de repandre dans leurs diſcours ſçavans un grand nombre de traits, d'épigrammes, & malheureuſement des pointes aſſés trivialles. Ce biſarre mélange m'étonna. J'étois mécontent de moi-même de ne pouvoir m'en amuſer. Ils rioient ou applaudiſſoient tous avec tant d'excès au moindre mot qui ſe proféroit, que je crus de bonne foi que c'étoit ma faute, si je n'admirois pas aussi. Je demandai à Me de Tonins la permission de lui faire souvent ma cour; elle me l'accorda, & me pria même à souper pour le lendemain.

Me de Tonins pour se délivrer de l'importunité des devoirs, & se donner une plus grande considération, jouoit la mauvaise santé, & en conséquence sortoit rarement de chés elle. Sa maison étoit le rendés-vous de tous ceux qu'elle avoit admis à l'honneur de lui faire leur cour. Je ne manquai pas de m'y rendre de bonne heure le lendemain. J'y trouvai à peu près la même compagnie que la veille; les propos furent aussi les mêmes. Au bout d'une heure je m'apperçus que la conversation languissoit; je proposai une partie de jeu, moins par goût que par habitude de voir jouer. Me de Tonins me dit que le jeu étoit abſolument banni de chés elle, qu'il ne convenoit qu'à ceux qui ne ſçavent ni penſer, ni parler. C'eſt, ajouta-t'elle, un amuſement que l'oiſiveté & l'ignorance ont rendu néceſſaire. Ce diſcours étoit fort ſenſé ; mais malheureuſement Me de Tonins & ſa ſocieté étoient malgré tout leur eſprit ſouvent dans le cas d'avoir beſoin du jeu, & ils éprouvoient que la néceſſité d'avoir toujours de l'eſprit eſt auſſi importune que celle de jouer toujours. Le jeu devint la matiere d'une diſſertation qui dura juſques au ſouper. Les diſcours de la table étoient d'une autre nature, toute diſſertation, & même toute converſation ſuivie en étoient bannies. Il n'étoit pour ainſi dire permis de parler que par bons mots. Me de

Tonins & ſes adorateurs partirent en même tems : ce fut un torrent de pointes, de quolibets & de rires exceſſifs. On tiroit l'Elixir des moins mauvais ; on renchériſſoit ſur les plus obſcurs. Je cherchois à entendre & à pouvoir dire quelque choſe ; mais lorſque j'avois trouvé un mot, je m'appercevois que la converſation avoit déja changé d'objet. Je voulus prier celui qui étoit à côté de moi de me tirer de peine, & de m'aider du moins à entendre ce qu'on diſoit. Il me fit en riant un diſcours beaucoup moins intelligible que tous ceux qu'on avoit tenus juſqu'alors. Le rire étonnant qu'il excita ne ſervit qu'à me déconcerter, & je fus tenté un moment de le prendre au ſérieux ; mais craignant de me donner un ridicule, je pris le parti de répondre ſur un pareil ton, quoique je le trouvaſſe déteſtable. Je me livrai à ma vivacité naturelle ; je répliquai par quelques traits aſſés plaiſans à ceux qu'on me lançoit ; Me de Tonins y applaudit : chacun ſuivit ſon exemple, & je devins le héros de la plaiſanterie dont j'étois auparavant la victime. Le ſouper finit bien-tôt après. On parla alors de deux Romans nouveaux & d'une Comedie que l'on jouoit depuis quelques jours ; on me demanda mon avis. Comme j'ai toujours été plus ſenſible au beau qu'au plaiſir de chercher des défauts ; je dis naturellement que dans les deux Romans j'avois trouvé beaucoup de choſes qui m'avoient fait plaiſir, & que la Comedie ſans être une bonne piece, avoit de grandes beautés. Me de Tonins prit la parole pour faire la critique de ce que je venois de louer. Je voulus défendre mon ſentiment, & je cherchai des yeux quelqu'un qui put être de mon avis. J'ignorois qu'il n'y en avoit jamais qu'un dans cette ſocieté. Me de Tonins peu accoutumée à la contradiction ſoutint ſon opinion avec aigreur, & la compagnie en chœur applaudiſſoit ſans ceſſe à tout ce qu'elle diſoit. Je pris le parti de me taire, m'appercevant un peu trop tard que le ton de cette petite république étoit de blâmer généralement tout ce qui ne venoit pas d'elle, ou qui n'étoit pas ſous ſa protection. Je reconnus cette vérité à l'éloge qu'on fit de trois ou quatre ouvrages qui m'avoient paru, ainſi qu'au public, au-deſſous du médiocre. Je réſolus donc de me conduire à l'avenir en conſéquence de cette découverte.

Ce qui me rendit encore plus complaiſant pour les ſentimens de

Me de Tonins furent ceux qu'elle m'inſpira. Sans être abſolument jeune, elle étoit encore aimable ; d'ailleurs la conſidération où elle vivoit, quoiqu'aſſés peu méritée, étoit ce qui piquoit mon goût. L'opinion nous détermine preſqu'auſſi ſouvent que l'amour. Me de Tonins étoit à la mode, & dès lors elle me paroiſſoit charmante. Le reſpect que l'on avoit pour elle ne laiſſoit pas de m'impoſer, & je fus un peu embarraſſé ſur ma démarche : je pris enfin mon parti. J'arrivai un jour chés elle de ſi bonne heure, que je la trouvai ſeule, & je lui déclarai mes ſentimens.

Me de Tonins ne fut ni offenſée, ni embarraſſée de ma déclaration. Je n'employerai point avec vous, me dit-elle, la diſſimulation ſi ordinaire aux femmes en pareil occaſion ; je ſuis ſenſible à vos ſentimens. Votre figure me plaît, j'eſtime votre caractere, & votre eſprit m'amuſe ; mais avant d'écouter vos ſentimens, il faut que vous ſoyés inſtruit des miens, & c'eſt déja vous donner une très-grande marque de confiance.

Il y a deux choſes auſquelles je ſuis également ſenſible, & que je prétends concilier, quoiqu'elles paroiſſent inaliables, le plaiſir & la conſidération. Par le genre de vie que j'ai embraſſé, je me ſuis fait d'avance une retraite honorable ; lorſqu'il ne me ſera plus permis de prétendre ni à la jeuneſſe, ni à la beauté. Une femme n'a point alors d'autre parti à prendre que le bel eſprit ou la dévotion ; le dernier parti eſt trop contraire à mon goût, & je ne le ſoutiendrois pas ; au lieu qu'en embraſſant celui du bel eſprit, je puis jouir dès aujourd'hui de la considération, sans être obligée de renoncer aux plaisirs dans lesquels je veux apporter toute la décence possible. Il y a peu de femmes qui ne fussent flattées de votre hommage, & qui peut-être n'en fissent gloire ; pour moi en prenant un Amant, je n'en veux pas l'éclat. J'approuvai le plan de Me de Tonins ; je me jettai à ses genoux, & je lui promis une discretion inviolable, si elle m'accordoit ses bontés. Doucement, Monsieur, me dit-elle, il faut que votre conduite me prouve vos sentimens. Dans ce moment il arriva du monde, & je sortis. J'allai quinze jours de suite chés Me de Tonins, sans pouvoir vaincre sa résistance. Elle crut à la fin mon amour si sincere, qu'elle consentit à me rendre heureux. Nous vécûmes ensemble dans le plus grand mystere, pendant près d'un mois ; mais la ſocieté s'apperçut enfin de notre intelligence, & me marqua ſur le champ autant d'égards que Mᵉ de Tonins m'en témoignoit. On me trouva mille fois plus d'eſprit qu'auparavant ; mais j'étois peu ſenſible à la gloire du bel eſprit. Autrefois les gens de condition n'oſoient y aſpirer ; ils ſentoient qu'ils ne prenoient pas aſſés de ſoin de cultiver leur eſprit pour la mériter ; mais ils avoient une conſidération particuliere & une eſpece de reſpect pour les gens de Lettres. Les gens de condition ſe ſont aviſés depuis de vouloir courir la carriere du bel eſprit, & ce qu'il y a de plus biſarre, c'eſt qu'en même tems ils y ont attaché un ridicule. J'étois bien éloigné d'avoir un ſentiment ſi faux ; mais je ne me ſentois ni talent, ni étude.

La fureur de jouer la Comedie régnoit alors à Paris ; on trouvoit partout des Théâtres. La ſocieté de Me de Tonins prenoit le même plaiſir, & portoit l'ambition plus haut. Pour comble de ridicule, on n'y vouloit jouer que du neuf ; preſque tous les Acteurs étoient Auteurs des piéces qu'ils jouoient. Nos repréſentations, car je fus bien-tôt admis dans la troupe, étoient d'un ennui mortel ; on ſe le diſſimuloit ; nous applaudiſſions tout haut, & nous nous ennuyons tout bas. Me de Tonins m'obligea auſſi de faire une Comedie. J'eus beau lui repréſenter combien j'en étois incapable ; elle blâma cette modeſtie, & m'aſſura qu'avec ſes conſeils je ferois d'excellens ouvrages. Je n'en crus rien ; mais par complaiſance je me mis à travailler. Dans ce tems-là Dufreſny qui étoit un peu

peu engagé dans notre ſocieté nous propoſa d'eſſayer ſur notre Théâtre ſa Comedie du *Mariage fait & rompu*, avant de la donner au public ; on l'accepta, & on la joignit à la mienne. Dix ou douze Spectateurs choiſis furent admis à cette repréſentation ; ma Piéce réuſſit au mieux, & celle de Dufreſny fut trouvée déteſtable. Je fus moi-même indigné d'un jugement ſi déraiſonnable ; je pris ſeul le parti de la Comedie de Dufreſny. La diſpute s'échauffa tellement à ce ſujet que Me de Tonins voulut abſolument faire donner ma Piéce aux Comediens François en même tems que *le Mariage fait & rompu*. Je voulus envain m'y oppoſer, & lui repréſenter que c'étoit un ridicule de plus que je me donnerois, que les gens de mon état n'étoient point faits pour devenir Auteurs,

& que s'ils l'étoient par complaisance pour l'amusement d'une societé, ils ne devoient jamais se donner au public. Me de Tonins me cita quelques exemples de gens à peu près de ma sorte qui avoient bravé avec succès ce préjugé, & me promit que jamais on ne me connoîtroit pour l'Auteur de cette Piéce. Quoique ces raisons ne fussent que spécieuses, il fallut céder & me soumettre à tout. Les deux Piéces furent jouées à quelques jours de distance. Celle de Dufresny fut applaudie, comme elle le méritoit; elle est restée au Théâtre, & le public la revoit toujours avec plaisir; & ma Comedie, dont on ne connoissoit point l'Auteur, fut trouvée fort ennuyeuse. Le parterre déseʃperé de ne pouvoir ni s'intéresser, ni rire, ni même siffler, fut réduit à bailler. Le bon ton & l'esprit qu'on admiroit chés Me de Tonins ne firent point d'effet au Théâtre. Point d'action, peu de fonds, quelques portraits de société qui ne pouvoient pas être entendus, & qui ne valoient guéres la peine de l'être, ne faisoient pas une Piéce qu'on put hazarder en public. Je vis clairement que les gens du monde faute d'étude & de talent exercé sont rarement capables de former un tout, tel que le Théâtre l'exige. Ils composent comme ils jouent, mal en général, & passablement dans quelques endroits. Ils ont quelques parties au-dessus des Comediens de profession; mais le total du jeu de la Piéce est toujours mauvais : l'intelligence générale de toute l'action, & le concert ne s'y trouvent jamais.

Le dépit de me voir Auteur malgré moi; la nécessité d'admirer tout ce qui émanoit de notre ſocieté, & ſurtout de Me de Tonins, me dégouterent bien-tôt & d'elle & du bel eſprit. Ce fut alors que je commençai à connoître véritablement Me de Tonins & ſa petite cour. Je m'apperçus que chaque ſocieté, & ſurtout celles de bel eſprit, croyent compoſer le public, & que j'avois pris pour une approbation générale le ſentiment de quelques perſonnes que les airs impoſans & la confiance de Me de Tonins avoit prevenuës & ſéduites. Le public loin d'y applaudir s'en mocquoit hautement. Le droit uſurpé de juger ſans appel les hommes & les ouvrages, notre mépris affecté pour ceux qui réduiſoient notre ſocieté à ſa juſte valeur, étoient autant d'objets qui excitoient la plaiſanterie & la ſatire publique. Outre ces ridicules que je partageois en communauté, on m'en donnoit encore de particuliers. On prétendoit que Me de Tonins qui donnoit de l'eſprit à qui il lui plaiſoit, n'en pouvoit pas refuſer à celui qui avoit l'honneur de ſes bonnes graces. Dailleurs notre ſocieté n'étoit pas moins ennuyeuſe que ridicule; j'étois étourdi & excedé de n'entendre parler d'autre choſe que de Comedies, Opéras, Acteurs & Actrices. On a dit que le Dictionnaire de l'Opéra ne renfermoit pas plus de ſix cent mots; celui des gens du monde eſt encore plus borné.

Tous ces bureaux de bel eſprit ne ſervent qu'à dégoûter le génie, retrecir l'eſprit, encourager les mediocres, donner de l'orguëil aux ſots, & révolter le public. Je cédai au dépit, & quittai Me de Tonins aſſés bruſquement. Je rentrai dans le monde, bien convaincu que toute ſocieté tirannique & entêtée de l'eſprit doit être odieuſe au public, & ſouvent à charge à elle-même.

Pour me guérir radicalement & me dégager la tête de toutes les vapeurs du bel eſprit, je réſolus de vivre quelques tems dans la Finance, & ce remede me réuſſit ; mais il n'étoit pas ſûr, & je reconnus que j'avois eu juſque-là ſur les Financiers des idées très-fauſſes à bien des égards.

La Finance n'eſt point du tout aujourd'hui ce qu'elle étoit autrefois. Il y a eu un tems où un homme de quelque eſpece qu'il fut ſe jettoit dans les affaires avec une ferme réſolution d'y faire fortune, ſans avoir d'autres diſpoſitions qu'un fonds de cupidité & d'avarice ; nulle délicateſſe ſur la baſſeſſe des premiers emplois ; le cœur dégagé de tous ſcrupules ſur les moyens, & inacceſſible aux remords après le ſuccès. Avec ces qualités on ne manquoit pas de réuſſir. Le nouveau riche, en conſervant ſes premieres mœurs, y ajoutoit un orguëil féroce dont ſes tréſors étoient la meſure ; il étoit humble ou inſolent, ſuivant ſes pertes ou ſes gains, & ſon mérite étoit à ſes propres yeux comme l'argent dont il étoit idolâtre, ſujet à l'augmentation & au décri.

Les Financiers de ce tems-là étoient peu communicatifs; la défiance leur rendoit tous les hommes ſuſpects, & la haine publique mettoit encore une barriere entre eux & la ſocieté.

Ceux d'aujourd'hui ſont très-différens. La plûpart qui ſont entrés dans la Finance avec une fortune faite ou avancée, ont eu une éducation ſoignée qui en France ſe proportionne plus aux moyens de ſe la procurer qu'à la naiſſance. Il n'eſt donc pas étonnant qu'il ſe trouve parmi eux des gens fort aimables. Il y en a pluſieurs qui aiment & cultivent les Lettres, qui ſont recherchés par la meilleure compagnie, & qui ne reçoivent chés eux que celle qu'ils choiſiſſent.

Le préjugé n'eſt plus le même à l'égard des Financiers, on en fait encore des plaiſanteries d'habitude ; mais ce ne ſont plus de ces traits qui partoient autrefois de l'indignation, que les traités & les affaires odieuſes répandoient ſur toute la Finance. Je ſçai que perſonne n'a encore oſé en parler avantageuſement : pour moi qui rapporte librement les choſes comme elles m'ont frappé, je ne crains point de choquer les pré-

jugés

jugés de ceux qui déclament ſtupidement contre la Finance à qui ils doivent peut-être leur exiſtence ſans le ſçavoir.

La Finance eſt abſolument néceſſaire dans un état, & c'eſt une profeſſion dont la dignité ou la baſſeſſe dépend uniquement de la façon dont elle eſt exercée.

En donnant à ceux qui l'exercent avec honneur les juſtes éloges qu'ils méritent, j'avoue que j'ai trouvé pluſieurs Financiers qui avoient conſervé les mœurs de leurs ancêtres. Cela ſe rencontre parmi ceux qui avec un cœur bas ont la tête trop foible pour ſoutenir l'idée de leur opulence. De ce nombre ſont encore pluſieurs de ceux qui ſont les premiers auteurs de leur fortune. Ces deux eſpeces de Financiers ſont rampans, inſolens, avares & magnifiques ; c'eſt même par cet endroit que j'ai d'abord connu la Finance.

M. Ponchard dont le hazard me fit connoître la femme dans le tems que je cherchois un contre poiſon au bel eſprit, étoit préciſément ce qu'il me falloit. C'étoit un de ces nouveaux parvenus. Sorti de la baſſeſſe ; il étoit monté par degrés des plus vils emplois aux plus grandes affaires. Il étoit intéreſſé dans toutes celles qui ſe faiſoient, & il ne lui manquoit pour décorer, plutôt que pour achever ſa fortune, que le titre de Fermier Général. Sa femme qui étoit d'une extraction auſſi baſſe, en avoit toute la groſſiereté qu'on avoit négligé de corriger par l'éducation. Les grandes fortunes ſe commencent ſouvent en Province ; mais ce n'eſt qu'à Paris qu'elles s'achevent, & qu'on en jouit. M.

Ponchard avoit achevé de gagner à Paris un million d'écus, & sa femme y avoit apporté un million de ridicules. Elle n'étoit plus occupée qu'à s'enrichir encore de ceux des femmes de condition ; mais elle n'en saisissoit pas les graces qui seules les font pardonner à celles-ci. Comme elle avoit remarqué que presque toutes les femmes du monde avoient des Amans, elle en voulut avoir aussi, & ce fut dans ces dispositions que je la trouvai. Elle me jugea digne d'elle, & la facilité de sa conquête me détermina, d'autant plus qu'elle étoit assés bien de sa figure, quoiqu'elle ne fut pas aimable.

Chaque chose a sa langue ; celle de l'opulence m'étoit inconnuë, & j'eus le tems de l'étudier sous M. Ponchard. Il ne parloit que d'or & d'argent, comme un Gentilhomme de campagne ne parle que de Génealogies. Il étoit confiant dans ſes propos ; ſon ton étoit décidé, & ſon triomphe étoit à table dont la chere quoiqu'abondante ne laiſſoit pas d'être délicate. Il y avoit auſſi du goût dans ſes meubles, & il s'en trouve néceſſairement dans toutes les maiſons opulentes de Paris, par la facilité que les gens riches, quelques groſſiers qu'ils ſoient, ont d'avoir à leur ſervice ou à leurs ordres ceux dont la profeſſion s'occupe des choſes de goût. Mais comme ce goût n'eſt que d'emprunt, il ne ſert ſouvent qu'à faire mieux ſentir la craſſe primitive du Maître de la maiſon qu'on ne peut pas façonner comme un meuble.

Pour Me Ponchard, elle n'étoit occupée qu'à étudier & copier les grands airs qu'elle avoit le malheur de prendre toujours à gauche. Quoiqu'elle tirât ſon orguëil de la fortune de ſon mari, elle rougiſſoit de ſa perſonne.

Je fus bien-tôt lié dans toute la Finance; ce fut ainſi que je connus pluſieurs maiſons de Financiers, dont je ne pouvois pas faire une comparaiſon qui fut avantageuſe à celle de M. Ponchard. D'ailleurs pour me dégoûter de Me Ponchard, il ſuffiſoit d'elle-même; peu s'en falloit qu'elle ne me fit regreter Me de Tonins, & préférer les ridicules aux dégoûts. Elle regardoit un Amant comme un meuble, & mon hommage flattant ſa vanité, elle vouloit que je fuſſe partout avec elle. Je ne fus pas de ce ſentiment-là, & bien-tôt je commençai à négliger auprès d'elle des devoirs que je n'avois jamais rempli bien exactement. J'étois obligé de faire ma cour ; je voulois vivre avec mes amis, & Me Ponchard devint fort mécontente de ma conduite. Une Financiere aime à citer souvent un homme de la Cour qui lui est attaché ; mais il est encore plus flatteur de se faire voir avec lui en public. L'on fait une partie de campagne où l'on donne un souper ; toutes les autres femmes ont leur Amant, & l'on est reduite à parler du sien. Cette situation peut faire du tort à la longue, & donner de mauvaises impressions. Il est bon d'avoir un homme de condition pour en passer sa fantaisie, & n'y pas retourner. Le bon sens l'emporta donc à la fin sur la vanité, & sans me donner mon congé, Me Ponchard me donna pour associé un jeune Commis qu'elle fit entrer dans les Sous-Fermes, & pour qui elle étoit une Ducheſſe. Je me gardai bien d'éclater en reproches. Je la quittai avec autant de myſtere ; je n'eus pas même les égards de rompre avec elle dans les formes, & nous nous trouvâmes libres & débarraſſés l'un de l'autre.

Fin de la premiere Partie.

www.ingramcontent.com/pod-product-compliance
Ingram Content Group UK Ltd.
Pitfield, Milton Keynes, MK11 3LW, UK
UKHW020557180726
13838UKWH00001B/293